コンパクト 銀行論

藤波 大三郎 著

三恵社

はしがき

　この本は，松本大学松商短期大学部における銀行論の授業のために作成した教材を基に，発展的な部分を削除して基礎的な内容を中心に加筆・修正してコンパクトな図書としたものです。銀行論のテキストと呼ばれるものには，制度，理論，歴史をバランスよく述べるものが多いのですが，この本では銀行について楽しく学べることに重点を置き，基礎的な部分にポイントを絞って少ない分量で銀行論の概要が理解できるように執筆しました。

　銀行は金融システムの重要な部分であり，銀行中心の金融システムとなっているわが国では大切な役割を果たしています。そのため銀行についての正確な理解なしに金融論を理解することは難しいと思います。つまり，銀行論は経済学の一分野としての金融論を理解するために証券市場論などと共に重要な分野となっていると思います。

　この銀行論を学ぶ上で重要なことは，理論的な事柄と実務で行われていることの双方を学ぶことでしょう。実際の銀行業務の仕組みの理解がなければ理論的な部分の理解も難しいと思います。そして，重要なことについてポイントを押さえて学ぶことです。銀行について学ぼうとすると多くの事柄を知る必要があるのですが，基本を押さえておけば大切なことは理解できると思います。

　銀行は1990年代に膨大な不良債権問題に苦しみ，それはわが国の金融機能を低下させて経済全体に影響を及ぼしたと言われますが，そうした問題を乗り越えて大手銀行は海外の事業を拡大するなど新たな展開が見られます。また，地域の銀行は地域社会になくてはならない存在となっています。そうした銀行についてポイントを押さえて理解してゆくテキストとして，この本を執筆しました。

　この本は以下のように構成されています。第1章では銀行の基本的機能について説明し，第2章では，わが国の金融機関の全体像をつかむこ

とを目指しています。そして，第3章から第5章までは銀行の基本的な業務である預金，貸出，為替の3大業務を考察しています。

次いで，第6章からから第8章において，銀行の比較的新しい業務である証券業務，国際業務，デリバティブ業務と証券化について学んでゆきます。そして，第9章と第10章では銀行取引をその取引相手別に分類し，個人取引と法人取引について検討してゆきます。第11章では銀行の経営について様々な面から検討してゆき，第12章では銀行に対する金融当局の監督と規制について理解を得ることを目指します。

この本は分量としては大変少ないものとなっています。しかし，内容としては学生，社会人として初めて銀行論を学ぶ人が基礎的な事柄を理解するために必要な知識を得られるものと考えています。このテキストが銀行についての理解を楽しく，効率的に得るために役立つことを期待しています。

終わりに，今回の出版にご尽力いただいた三恵社常務取締役木全俊輔氏と土肥雅人氏に感謝し，この場を借りて御礼申し上げます。

平成28年1月

藤波　大三郎

目次

第1章　銀行の基本的な機能・・・・・・・・・・・・・・・・7
　1　概要・・・・・・・・・・・・・・・・・・・・・・・7
　2　資金仲介機能・・・・・・・・・・・・・・・・・・・7
　3　信用創造機能・・・・・・・・・・・・・・・・・・10
　4　決済機能・・・・・・・・・・・・・・・・・・・・12
第2章　わが国の金融機関の全体像・・・・・・・・・・・・14
　1　概説・・・・・・・・・・・・・・・・・・・・・・14
　2　中央銀行・・・・・・・・・・・・・・・・・・・・17
　3　銀行・・・・・・・・・・・・・・・・・・・・・・20
　4　協同組織金融機関・・・・・・・・・・・・・・・・26
　5　公的金融機関・・・・・・・・・・・・・・・・・・28
第3章　預金業務・・・・・・・・・・・・・・・・・・・・29
　1　預金の種類，構成とその多様化・・・・・・・・・・29
　2　金融債と信託・・・・・・・・・・・・・・・・・・33
　3　預金利子課税制度と財形貯蓄制度・・・・・・・・・35
第4章　貸出業務・・・・・・・・・・・・・・・・・・・・38
　1　貸出の種類と金利・・・・・・・・・・・・・・・・38
　2　貸出の構成と新しい貸出・・・・・・・・・・・・・44
　3　リスク管理・・・・・・・・・・・・・・・・・・・49
　4　中小企業向け貸出・・・・・・・・・・・・・・・・51
第5章　為替業務・・・・・・・・・・・・・・・・・・・・54
　1　為替業務の概要と全銀システム・手形交換・・・・・54
　2　ATMネットワークと電子マネー・・・・・・・・・・56
第6章　証券業務・・・・・・・・・・・・・・・・・・・・59
　1　銀行の証券業務の歴史・・・・・・・・・・・・・・59
　2　銀行自身の証券業務とグループ証券会社の業務・・・60
　3　証券投資業務と窓販業務・・・・・・・・・・・・・62
　4　各種の証券業務・・・・・・・・・・・・・・・・・66

第7章　国際業務・・・・・・・・・・・・・・・・70
　1　国際業務の概要と海外拠点展開・・・・・・・・・70
　2　外為法と外国為替取引・・・・・・・・・・・・・73
　3　国際部門の収益構成・・・・・・・・・・・・・・76
第8章　デリバティブと証券化・・・・・・・・・・・78
　1　デリバティブ取引の概要・・・・・・・・・・・・78
　2　各種のデリバティブ取引・・・・・・・・・・・・79
　3　デリバティブ取引のリスク管理・・・・・・・・・83
　4　証券化の概要・・・・・・・・・・・・・・・・・85
　5　わが国の証券化・・・・・・・・・・・・・・・・87
第9章　個人取引・・・・・・・・・・・・・・・・・90
　1　個人取引の概要・・・・・・・・・・・・・・・・90
　2　個人との資産運用取引と銀行窓販・・・・・・・・92
　3　個人向けローンとクレジットカード・・・・・・・96
　4　リスク商品と投資家保護・・・・・・・・・・・・100
第10章　法人取引・・・・・・・・・・・・・・・・102
　1　法人取引の概要・・・・・・・・・・・・・・・・102
　2　中小企業向け貸出と地域密着型金融・・・・・・・105
　3　投資銀行ビジネス・・・・・・・・・・・・・・・108
第11章　銀行の経営・・・・・・・・・・・・・・・111
　1　銀行経営の概要・・・・・・・・・・・・・・・・111
　2　銀行の収益と経営分析・・・・・・・・・・・・・113
　3　リスク管理，利用者保護とCSR・・・・・・・・・118
　4　グループ・バンキング・・・・・・・・・・・・・122
第12章　銀行に対する監督と規制・・・・・・・・・124
　1　銀行規制の概要・・・・・・・・・・・・・・・・124
　2　具体的な規制の内容・・・・・・・・・・・・・・125

第1章　銀行の基本的な機能

1　概要

現代の経済社会は，家計，企業，政府，更に海外部門の4つの経済主体が財・サービス，労働，と貨幣を相互に交換しながら営まれていると考えることができます。その中で貨幣の取引についてはあらゆる経済活動に伴って発生しており，経済活動の一つのポイントとなっています。そして銀行は貨幣の取引を担う金融システムのひとつとして大きな役割を果たしています。

銀行の基本的な機能としては，一般に①資金仲介機能，②信用創造機能，③決済機能があると言われます。資金仲介機能は，貨幣・資金の余っている者，いわゆる黒字主体から不足している者，いわゆる赤字主体への仲介を行うことであり，信用創造機能とは預金と貸出を繰り返すことにより，多額の預金を作り出す機能です。そして，決済機能とは銀行の口座振替や振込に代表されるような当事者間の資金の受け渡しを行う機能のことです。そして，これらの機能は単独ではなく相互に補い合いながらその機能を発揮しています。

2　資金仲介機能

銀行の資金仲介機能とは資金の余る者に対して貯蓄手段を提供し，一方で資金の不足する者に資金の供給を行う機能を言います。具体的には預金を受け入れ，その預金を原資として資金を運用することを指しています。この資金の運用は，貸出と有価証券への投資が主なものとなっています。

銀行は預金者から預金を受け入れることによって様々な機能を提供

しています。例えば，個人や企業が自らの手で現金を保管するならば火災による焼失や盗難の危険を常に負うことになります。この危険を避けるためには金庫の設置等の費用がかかりますが，銀行は現金を受け入れることによって，こうした費用を節約するサービスを提供しています。すなわち，現金の保管機能の提供です。

また，受け入れた預金に対しては当座預金と呼ばれる手形，小切手の決済のために用いられる預金，そして決済用預金と呼ばれる預金の他には利子が付けられます。これは銀行が受け入れた預金を用いて貸出や債券，株式といった有価証券への投資を行い，収益を得ていることから可能となるものです。

銀行はこうして預金者に預金利子を提供する点で預金者に安全で有利な貯蓄手段を提供しています。ただし，わが国においては1999年以降，ゼロ金利政策や低金利政策等がとられているためにこの預金利子の有利性は，近年，意識されることはありません。しかし，日本銀行は2013年に2%のインフレ目標を導入し，量的・質的金融緩和と呼ばれる金融政策を実施しています。この政策が成功して物価が上昇すると金利は上昇を始め，国民が預金利子の有利性を意識する時が来ることになります。

しかし，元本保証の預金は物価が下落するデフレの状況では依然として家計にとっては有利な運用手段と言えます。たとえ利子がほぼゼロであっても物価が下落するために購買力から見れば十分なメリットがあると言えるからです。そのため，利子がほとんど付かない時代でもデフレであったわが国では銀行預金の残高は増えています。デフレが始まった頃の1998年12月時点では，483兆円であった預金は，2014年12月時点で662兆円となっています（国内銀行ベース）。

この元本と利子が保証されるという預金の受け入れは銀行法等により銀行等の預金取扱金融機関だけに限定されており，それ以外の者が預金を受け入れる事は禁止されています。英語でバンクと呼ばれる機関は一般にこの預金の受け入れを行う機関を指します。保険会社や証券会社

はこの預金の受け入れ機能を持っていません。

　前に述べた通り,銀行が預金に利子を付けることが出来る理由は受け入れた預金を貸出や有価証券に投資するからです。銀行は,これによって企業,個人,そして政府,地方公共団体に対して資金を供給していますが,貸出や有価証券投資は銀行以外も行うことが出来ます。しかし,預金の受け入れと貸出を同時に行うことによって銀行は資金仲介機能を発揮しています。

　そして,このように資金を貸出によって運用するにしても,債券,株式によって運用するにしても銀行にはそのための専門的な判断が求められます。また,預金を受け入れる場合も預金者からの信頼を得る必要があります。銀行の資金仲介機能はそうした専門性と健全な財務基盤,組織,そしてそれらに対する社会の信頼の上に行われていると言えます。

　だた,近年は銀行の企業向けの貸出は横ばいであり,個人への住宅ローンによる貸出と国債などの有価証券投資が増えています。これはわが国の企業の資金需要が減少していること,そして金融の自由化で大企業が金融市場で資金調達が出来るようになったことが原因ですが,銀行の貸出による資金仲介機能が低下していることの現れとも言えるかも知れません。

　この資金仲介機能は,細かく分解すれば①情報生産機能,②リスク負担機能,③資産変換機能から出来ています。そして,情報生産機能は,更に情報収集,審査,モニタリングに分けられますが,これは資金の借り手に関する情報を生産する機能です。預金を元手にした貸出は返済が滞ることがあっては困るので,貸出を行って良い相手かを判断する必要があるわけです。

　しかし,そこには「情報の非対称性」と呼ばれる問題があります。借り手の状況については,借り手が持つ情報の方が貸し手の持つ情報より多く,貸し手は常に貸し手が貸出を返済してくれないかどうかを判断する点において,借り手より少ない情報で判断しなければなりません。こ

の問題に専門的能力で取り組むのが銀行です。

　リスク負担機能とは，借り手が貸出を返済しないリスクを負担する機能です。貸し倒れが発生してもその損失は銀行の自己資本で対処し，預金者には影響を与えないということです。資産変換機能とは，企業が発行する債務を表す証書と引き換えに貸出を行い，一方，預金者には預金証書を発行することにより，金融論で言う本源的証券を間接証券に変換する機能を指します。預金と言う安全資産を貸出や債券，株式という危険資産に転換しているわけです。なお，ここで言う危険資産は危ないと言う意味ではなく，支払いや将来の価格に不確実性があると言う意味です。

　資金仲介機能が低下するということは，銀行が借り手の状況をよく分析できない情報生産機能の低下が要因の一つと思われますが，不良債権問題が大きな課題となった時は銀行の資産内容の健全性の低下がリスク負担機能の低下を招き，それが資金仲介機能の低下を招いているとされました。この考え方に基づいて政府は大手銀行の不良債権処理を進め，その結果，2005年頃には不良債権問題はピークを越えました。

3　信用創造機能

　銀行は単に資金が余っている黒字主体から資金が不足している赤字主体へと資金を仲介しているだけではなく，その仲介機能を通じて預金を新たに作り出しています。これを信用創造と呼びます。その仕組みの説明としては，例えば次のような場合が考えらます。

　まず，A銀行はX社から預金100万円を預かります。

　次に，A銀行は預金の100万円のうち90万円をY社に貸し出します。

　そして，Y社はその資金を用いてZ社に対して90万円の支払いをします。

　更に，Z社は受け取った90万円をB銀行に預けます。

　この結果，預金の総額はA銀行とB銀行の預金の合計で190万円と

なります。はじめ，100万円しかなかった預金が190万円になったのは上に述べた結果として，Y社が90万円の借入を行い，90万円分の貨幣が発生したことになるからです。

この後，B銀行が別の企業へ81万円の貸出を行うことで，この仕組みが順次繰り返されれば預金は引き続き増加してゆきます。このように貸出と預金を行う銀行業務により，社会全体の預金量は増加することになります。ここでA銀行が90万円しか貸し出さず10万円を残し，またB銀行が81万円しか貸し出さず9万円を残す理由は，預金者の現金引き出しに備えていわゆる支払準備を確保するからです。

図表1. 信用創造の仕組み

この過程を繰り返してゆくと預金の合計は1,000万円となります。これを式で表せば次のようになります。

預金合計＝100＋90 ＋81＋ ･･･ ＝100×（1÷0.1）＝1,000

ここで0.1の支払準備，つまり預金の10%を支払準備とする制約を受けますが，預金の合計は当初の預金の10倍となります。この当初の預金を本源的預金，それ以降の預金を派生的預金と呼びます。

なお，実際には，支払準備には中央銀行への預け金（日本銀行の当座預金）と現金資産の両方を含めます。この信用創造の機能から銀行は銀

行システム全体として社会に多くの預金を作り出しています。

　一般に国の経済が未熟で発展していない段階では社会全体での資金量は少ないのが通常です。そこで，この信用創造の機能を用いて社会全体の資金量を増やすことが出来れば，発展する企業の投資を支えるだけの資金を作ることが出来ます。

　もっとも，この理論は銀行が貸出の機会に十分恵まれていることが前提となります。しかし，現実の銀行は貸出の機会に恵まれているとは言えない場合があります。つまり，貸出市場において借り手が少なく供給超過の状態にある場合もあります。また，情報の非対称性の問題から銀行が貸出の判断が出来ないこともあります。従って，この信用創造が理論通りには機能しないことが多くあります。

　そして，この理論は，銀行は企業と市民から信頼されて銀行預金を受け入れることも前提になっています。銀行の信用が損なわれて企業と市民が現金資産を保有するようになれば，この理論通りにはなりません。

4　決済機能

　銀行は預金業務，貸出業務の他，固有の業務として為替業務を行うことにより決済機能を果たしています。為替業務とは，手形，小切手，振込や送金によって遠隔地の債権者と債務者の間の決済を行う業務です。

　また，銀行は付随業務として様々な代金の支払い，受取りの代理業務を行っています。例えば，公共料金やクレジットカード，税金の支払いを口座からの引き落としで行うこと，また，給与，年金の受け取りなどです。

　これらの業務を通じて銀行はシステム全体として決済機能を持っていると言われます。人々の債権，債務の決済を現金で行うことは，現金の搬送等で非常に手間もかかり危険です。そこで現代では現金の受渡しを行わず，銀行の預金を帳簿上，債務者から債権者へ付け替えることで行われます。

銀行は中央銀行，つまり日本銀行に当座預金の口座を持っており，銀行間で手形，小切手，振込みなどの資金の決済を行った結果は日本銀行にある各銀行の当座預金の資金を移し換えることで最終的に処理されています。

　こうした取引はコンピューター処理によって行われています。これらのコンピューターシステムは様々なネットワークと繋がっており，それらが結ばれて多くの金融機関の間での資金決済が出来るようになっています。例えば現金の引き出しについてはATMのオンライン提携が行われており，MICS（マルチ・インテグレイティッド・キャッシュ・サービス）と呼ばれるシステムで結ばれています。

　また，手形，小切手については手形交換制度があります。振込，送金については全銀システム（全国銀行データ通信システム）とよばれる制度で行われています。

　こうしたシステムを多くの銀行が共有することで決済機能は向上してゆきます。近年ではゆうちょ銀行が2009年1月に全銀システムに加盟し，その決済機能が向上したと言われています。

　このような銀行の決済業務によって現金による決済の負担が回避されているのであり，現代では金融機関の支払決済システムが経済活動に不可欠のものとなっています。このシステムに不具合があり稼動が中断することは社会に大きな影響を与えるため，その安定性と信頼性を維持することが重要な課題となっています。

　また，この資金決済機能は前に述べた信用創造機能の前提ともなっています。人々が現金で多くの決済用の資金を保有したままで銀行に資金を預けることがなければ信用創造は起こらないことになります。そして，銀行預金のまま決済ができることから預金が通貨の機能を果たしており，この点から当座預金，普通預金は預金通貨と呼ばれ，定期預金は準通貨と呼ばれています。

第2章 わが国の金融機関の全体像

1 概説

わが国の金融機関は，中央銀行と民間金融機関，そして公的金融機関の3つに大きく分けられます。中央銀行とは国の銀行システムの中心となる銀行であり，紙幣を発行し，民間銀行に貸出を行う銀行のことです。世界最古の中央銀行はスウェーデンで1663年に設立されましたが，わが国の日本銀行は1882年に設立されています。

なお，米国の連邦準備制度は連邦準備制度理事会(FRB)と連邦準備銀行からなりますが，これが出来たのは1913年です。また，欧州にはEU諸国の内，ユーロ圏19カ国の中央銀行として1998年に設立された欧州中央銀行（ECB）があります。

民間の金融機関の内，預貯金の受入れを行う金融機関，つまり，預金取扱金融機関としては，①普通銀行，②長期金融機関，③中小企業金融機関，④農林水産金融機関があります。銀行法では銀行とは，①預金の受入と貸出の両方を行うこと，②為替取引を行うこと，のいずれかを営業として行う株式会社組織の金融機関のこととされています。

普通銀行には都市銀行，地方銀行，第二地方銀行協会加盟行があります。普通銀行という名前は明治時代の銀行条例によって出来た銀行に由来しています。また，都市銀行の名の由来は，本店を東京等の都市においていることから来ています。また，第二地方銀行協会加盟行は，従来の相互銀行の業務内容が普通銀行化したことから一斉に普通銀行に転換したものであり略称として第二地銀という用語が定着しています。

長期金融機関には，長期信用銀行，信託銀行がありますが，長期信用銀行は2006年4月以降存在しません。これはバブル経済崩壊の中で多

額の不良債権処理が必要となって破綻したこと,及び金融自由化の流れにおいてその必要性が小さくなったことが理由です。信託銀行も後で述べるように貸付信託の取り扱いを終了したこともあり,長期金融機関の性質は薄くなっています。

中小企業金融機関には,信用金庫,信用組合があり,労働者を顧客とする金融機関として労働金庫があります。また,農林水産金融機関には,JAバンクと呼ばれる農業協同組合等があります。これらは株式会社ではなく協同組織となっており,協同組織金融機関と呼ばれます。

預金を取り扱わない金融機関としては生命保険会社,損害保険会社,証券会社があります。また,消費者向けの貸出を行う消費者金融会社,中小企業への融資を行う事業信用会社,そしてリース会社があります。消費者金融会社は,これらを規制する法の改正もあって現在ではその数が大きく減少しています。

なお,1998年に金融持株会社の設立が認められてから,銀行を中心として金融持株会社が設立されました。これらの金融グループは,普通銀行,信託銀行,証券会社,消費者金融会社などをグループ内に持ち,グループ内の連携によって様々な金融サービスの提供を行う総合金融サービス業,金融コングロマリット(金融分野における複合企業体)となっています。

公的金融機関としては,日本政策金融公庫,日本政策投資銀行,商工組合中央金庫などがあります。なお,ゆうちょ銀行は郵政公社が2007年10月に民営化に向けて株式会社化されたものです。その株式は日本郵政株式会社が保有していましたが,2015年11月に上場されました。また,住宅金融公庫は2007年4月に独立行政法人となり,貸出を行わない住宅金融支援機構となって民間銀行の住宅ローンの証券化に取り組んでいます。

図表2. 金融機関の分類

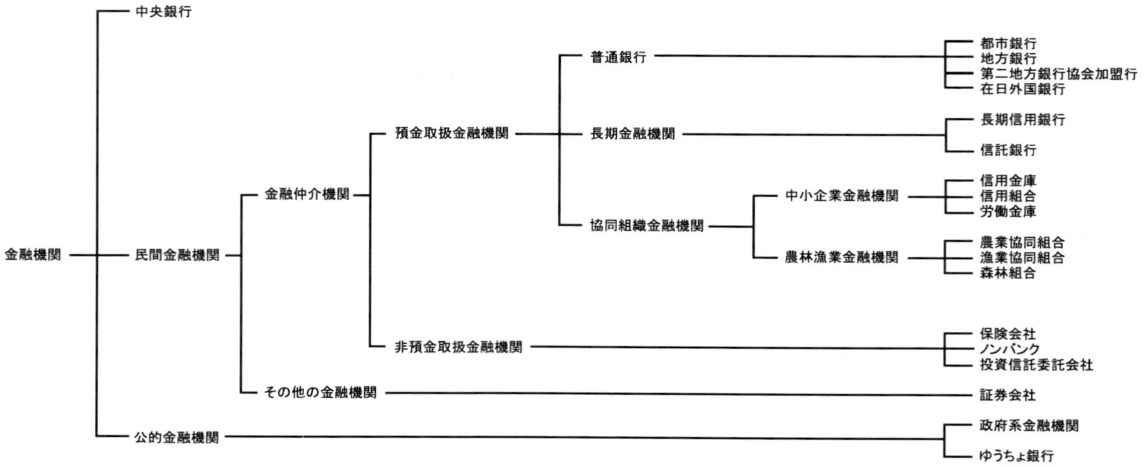

```
金融機関 ─┬─ 中央銀行
         │
         ├─ 民間金融機関 ─┬─ 金融仲介機関 ─┬─ 預金取扱金融機関 ─┬─ 普通銀行 ─┬─ 都市銀行
         │              │              │                  │          ├─ 地方銀行
         │              │              │                  │          ├─ 第二地方銀行協会加盟行
         │              │              │                  │          └─ 在日外国銀行
         │              │              │                  │
         │              │              │                  ├─ 長期金融機関 ─┬─ 長期信用銀行
         │              │              │                  │              └─ 信託銀行
         │              │              │                  │
         │              │              │                  └─ 協同組織金融機関 ─┬─ 中小企業金融機関 ─┬─ 信用金庫
         │              │              │                                    │                ├─ 信用組合
         │              │              │                                    │                └─ 労働金庫
         │              │              │                                    │
         │              │              │                                    └─ 農林漁業金融機関 ─┬─ 農業協同組合
         │              │              │                                                      ├─ 漁業協同組合
         │              │              │                                                      └─ 森林組合
         │              │              │
         │              │              └─ 非預金取扱金融機関 ─┬─ 保険会社
         │              │                                  └─ ノンバンク
         │              │                                     投資信託委託会社
         │              │
         │              └─ その他の金融機関 ── 証券会社
         │
         └─ 公的金融機関 ─┬─ 政府系金融機関
                        └─ ゆうちょ銀行
```

2　中央銀行

　前に述べた通り，1882年に日本銀行は中央銀行として設立されました。中央銀行の機能・役割は，第一に発券銀行としての機能，第二に銀行の銀行としての機能，第三に政府の銀行としての機能，そしてこれらと共に金融政策の運営が重要な役割となっています。

　発券銀行としての機能とは国で使用される貨幣を銀行券として発行することです。銀行の銀行としての機能は，民間銀行から預金を受け入れるという機能です。政府の銀行としての機能は政府の財政資金を預かり，また支払いを行う機能を言います。そして特に重要な機能は金融政策を担当する機能です。

　日本銀行は政府の一機関ではなく，日本銀行法に基づくひとつの法人であり，その株式は上場されています。しかし，政府が55％の出資を行っており一般の民間の法人とは位置づけが異なり，出資者の経営参加権も認められていません。

　1942年に制定された旧日本銀行法は，第2次世界大戦中の戦時立法であり，内閣による総裁の解任権が規定されていました。このため，日本銀行の位置づけは政府と一体と思われるようなところもありました。

　しかし，中央銀行には政府からの独立性が求められます。この独立性によって通貨の価値が守られるとされています。一般に，政府は物価の安定よりも雇用の安定を目指し，積極的な財政政策を行う場合が多いと言われます。そして，金融緩和政策を中央銀行に要求することが多く，このような状況が起こるとインフレが発生して通貨の価値が損なわれます。そこで，中央銀行に政府からの要求を拒絶出来るよう独立性が付与される必要があります。いわゆる「通貨の番人」としての役割を果たすために中央銀行の独立性が必要とされると言われているのです。

　1998年4月に施行された新日本銀行法では，「物価の安定」と「金融システムの安定」を目的として第1に金融政策の独立性強化，第2に金融政策決定の透明性の確保，第3に政策委員会の機能強化などが規定さ

れました。これによって日本銀行の独立性は強化され，金融政策の独立性，透明性，業務の自主性は強化されたと言われています。

　この新しい日本銀行法では，日本銀行の目的は前に述べた通り「物価の安定」と「金融システムの安定」とされています。しかし，この目標のために日本銀行は自由に振舞えるということではなく，政策の決定内容，決定の過程は広く社会に対して説明されるべきであり，こうした説明責任，アカウンタビリティを果たすことが求められることから，前に述べた金融政策決定の透明性の確保が法定されました。

　日本銀行の金融政策の遂行とは，現在では民間金融機関との間で債券等の売買取引を行うことにより市中の貨幣の量と金利を操作することが第一となっています。これを売りオペレーション，買いオペレーションと言います。通常，この時の目標となる金利は，無担保コール・レートのオーバーナイト物です。コール市場とは，銀行間の短期金融市場であり，オーバーナイトとは期間が1日の取引を言います。しかし，日本銀行は，前に述べた通り，2013年1月に物価安定の目標を2％に設定してインフレ・ターゲットを導入し，2013年4月には量的・質的金融緩和を開始し，金融政策の目標を金利から資金の量，マネタリーベースに変更しています。そして，長期国債の買い入れの拡大，及びETF, REITの買い入れの拡大を行っています。こうした政策は一般に非伝統的金融政策と言われています。

　マネタリーベースとは，日本銀行券発行高，貨幣流通高，日銀当座預金の合計とされており，ハイパワード・マネー，ベースマネーとも呼ばれています。この量を調整することによって日本銀行はマネーストック，通貨の総量に影響を与えることができます。なお，市場の資金量と金利は表裏一体の関係にあり，資金の量を調節することは金利を操作することとも言われています。金融政策の波及経路としては，金利チャネル，信用チャネル，資産チャネル，そして為替レート・チャネルがあるとされますが，量的・質的金融緩和は金利チャネル以外で効果が現れている

と言われています。

　また、日本銀行は預金準備率を変更して民間銀行の信用創造をコントロールします。そして、基準割引率および基準貸付利率という日本銀行が民間銀行に融資を行う場合の利率を操作します。これは、かつては公定歩合と呼ばれて規制の強かった金融システムの下では重要な意味を持っていましたが、現在では金融の自由化が進み、重要性は低下しています。

　なお、2001年3月に補完貸付制度、いわゆるロンバート型貸付制度が行われるようになりましたが、その基準金利として前に述べた基準割引率および基準貸付利率が用いられています。補完貸付制度とは日本銀行が認める担保を提供すれば貸出が受けられる制度であり、このことから基準割引率および基準貸付利率はコール・レートの上限となる意味を持つこととなりました。

　日本銀行の政策の決定機関は政策委員会であり、金融政策決定会合において、金融調節方針の決定、基準貸付利率の変更、預金準備率の変更、金融経済情勢の基本判断を行っています。政策委員会は日本銀行総裁を含む9名で構成されています。その委員の任命は衆議院と参議院の同意を得て内閣により行われます。

　また、日本銀行は、財務大臣の代理人として外国為替市場に介入することがあります。これはあくまで政府の外国為替資金特別会計の資金を用いた外国為替平衡操作と呼ばれる政府介入の代理人としてであって日本銀行が外国為替市場への介入を自主的に行うことはありません。しかし、金融政策は為替レート・チャネルが波及経路の一つとしてあるように外国為替市場に影響を与えます。その影響の度合いは直接介入よりは大きなものとなっています。

　日本銀行の日常の取引としては、日銀ネット用いて日本銀行当座預金を通じた銀行間の決済サービスを提供しています。この日銀ネットは、2015年に新日銀ネットが稼働して利便性が高まりました。

また，銀行の状況を検査する日銀考査と呼ばれる活動も行っています。金融庁の金融検査は法令・会計原則の遵守や消費者保護に重点を置いていますが，日銀考査は個別金融機関の支払不能などが決済・金融システムに波及するリスク（システミック・リスク）の顕現化防止に重点を置いています。

　そして，緊急時にはこのシステミック・リスクを防ぐための緊急貸出を行います。システッミック・リスクとは，一つの金融機関の決済の不履行が他の金融機関の決済の振込を招き，決済不履行が連鎖的に発生して金融システムが機能しなくなるリスクを言います。

　これを防ぐための緊急貸出は「最後の貸し手」，「レンダー・オブ・ラスト・リゾート」と呼ばれる機能です。この緊急貸出は一般に日銀特融と呼ばれ，内閣総理大臣もしくは財務大臣の要請を受けて，日本銀行の政策委員会で可否を判断することとなっています。

　この他，情報収集，分析，研究活動を行っており，物価については企業物価指数を発表しています。また，景気動向については，「日銀短観」と呼ばれる全国企業短期経済観測調査を行っています。

　日本銀行が企業物価指数を調査する理由は，この指数が商品の需給を敏感に反映し，景気動向の判断に役立ち，金融政策を判断するための材料となるからです。なお，消費者物価指数は総務省が調査を行っています。

3　銀行
3－1　大手金融グループ

　金融持株会社の下に銀行，信託銀行，証券会社などをもつ総合金融グループは，前に述べた通り，1998年3月の金融持株会社が解禁されてから設立が相次ぎました。その最初は，みずほホールディングスが2000年9月に第一勧業銀行，富士銀行，日本興行銀行によって設立されたことです。

このみずほホールディングスは，合併によらない銀行の経営統合という点で大きな影響を銀行業界に与えました。都市銀行2行と長期信用銀行1行の組み合わせも話題を呼びました。この経営統合は不良債権問題に苦しむ銀行が選んだ経営の新しい形でもありました。これに対抗するように，2001年4月に東京三菱銀行，三菱信託銀行，日本信託銀行によって三菱東京フィナンシャル・グループが設立されました。これらによって，都市銀行，長期信用銀行，信託銀行といった戦後の銀行制度の垣根である長短分離，銀信分離は無くなったと言えます。

　そして，三和銀行と東海銀行，東洋信託銀行はUFJフィナンシャル・グループを2001年4月に設立しました。一方，住友銀行とさくら銀行は持株会社方式ではなく，合併による経営統合を2001年4月に行いました。こうして2001年4月に4メガバンク体制が出来ました。1990年代から世界で通用する大手銀行の数は数行と言われており，このメガバンクはそうした世界で活動できる規模の銀行であるとされました。

　その後，2003年3月に，2001年12月に設立された大和銀ホールディングスとあさひ銀行がりそなホールディングスを設立しました。

　みずほホールディングスは，2003年3月にみずほフィナンシャル・グループに再編され現在に至っています。三菱東京フィナンシャル・グループは，2005年にUFJホールディングスと合併し，三菱UFJフィナンシャル・グループとなりました。三井住友銀行も2002年12月三井住友フィナンシャル・グループを設立していたので，これにより金融持株会社による3メガバンク体制が出来上がり，現在に至っています。

　これらの3メガバンクはいずれも証券会社をグループに持っていますので，銀行と証券を分離する第二次世界大戦後の米国の銀行システムの方式を取り入れ，金融行政の柱のひとつであったいわゆる銀証分離の金融行政も消滅したと言えます。

3－2　地域銀行

　地域を基盤とする銀行には，前に述べた通り，地方銀行と第二地方銀行協会加盟行，いわゆる第二地銀があります。第二地銀とは旧相互銀行から1989年以降に普通銀行に転換した銀行を指します。地方銀行は戦前の大蔵省（現財務省）の1県1行主義による銀行統合を経て設立された銀行が大半です。

　地方銀行や第二地銀は，営業基盤が県，市町村など一定の地域に限られています。しかし，法的にはこうした限定はなく都市銀行とともに全国銀行と呼ばれていますが，実際の営業の状況は一定の地域に強固な基盤を持っています。

　また，資金量の規模が小さく，貸出金の1行当たりの平均は地銀で2.5兆円，第二地銀で1.0兆円（2012年3月時点）です。地域銀行は地元の中小企業に対する貸出が多く，中小企業等向け貸出比率は，大手銀行が63%であるのに対し，地方銀行は70%，第二地銀は78%となっています（2012年3月末時点）。地域銀行はわが国の企業の大半を占める地域の中小企業を主要な貸出先とする銀行と言えます。

　地方銀行は比較的安定した営業基盤を持っています。第二地銀も地域の中に根ざした経営を行っていますが経営の状態は厳しいところもあり，従来の地域基盤を超えて広域的な提携や金融持株会社によるグループ化への動きがあります。2001年4月，札幌北洋ホールディングスが設立されたのを皮切りに，多くのグループが設立されました。地方経済の低迷が言われる中，再編は一つの地域銀行の経営の選択肢とされ，2013年4月時点で41行に再編されています。2016年4月には地銀最大手の横浜銀行も第二地銀の東日本銀行と経営統合を行う予定となっています。

3－3　信託銀行

　「信託」とは，委託者が受託者に金銭，有価証券，動産，不動産などの

財産権を引き渡し，一定の目的に従って特定の受益者ために受託者がその財産を管理，処分を行う仕組みを言います。そして，信託財産とはその財産を指します。

この業務は主に信託銀行によって行われています。信託銀行とは，一般には「普通銀行の信託業務に関する法律」により信託業務を営む銀行のことですが，普通銀行の業務を主としつつ信託業務を行う銀行も地方銀行を中心として存在しています。

なお，大手の信託銀行としては，2011年に三井住友トラストグループが中央三井信託銀行，中央三井アセット信託銀行と住友信託銀行によって設立され，2012年4月には三井住友信託銀行をグループ内に持ちました。この金融グループは，大手金融グループに入ることなく，いわゆるメガ信託としての道を歩んでいます。

信託銀行等の受託する財産は金銭の信託と金銭以外の信託に大別されます。金銭の信託には金銭信託，投資信託，年金信託などがあります。また，金銭以外の信託としては土地信託などがあります。

信託の機能からみると，金銭信託のように貯蓄性の資金を受託し，これを企業に融資するなどの金融機能と，土地信託などのように財産の管理・運用を行う財産管理機能に分けることができます。

なお，2004年12月に改正信託業法が施行されて知的財産権を含む財産権一般の受託が可能となりました。また，同時に信託会社を設立して信託業に参入することも認められました。

複雑化する現代社会では人々の財産管理に求められる能力は高くなっています。これを補うには法的には代理の制度と信託の制度しかないと思われ，信託業務の重要性が小さくなることはないでしょう。例えば，資産運用の分野では投資信託がこれからの個人の資産運用にとって不可欠なものとなると考えられています。

3-4　ゆうちょ銀行

　従来，政府が取り扱ってきた郵便貯金と簡易保険については，官業による民業圧迫との批判を受けて民営化が進められました。郵便，郵便貯金，簡易保険のいわゆる郵政三事業は，明治時代から政府が直接行ってきました。しかし，2007年10月から郵政民営化が始まり，現在は日本郵政グループが行っています。このうち，貯金業務を営むのがゆうちょ銀行です。

　かつての郵便貯金，現在のゆうちょ銀行の貯金は，個人のための小口の貯蓄手段として創設されたという歴史的経緯があり，その預入限度額は1人1,000万円までとされていますが，これを引き上げることが検討されています。

　ゆうちょ銀行の貯金は，公共料金，税金の納入，郵便振替等の資金移動サービスも提供しています。振込に関しては2008年までは特定の金融機関としかできなかったのですが，前に述べた通り2009年1月に全銀データシステムとの接続が始まり，為替取引が円滑化しています。

　貸付に関しては，一部，地方公共団体や貯金者向けの貸付を行う以外，企業に対する融資業務などは行っておらず，資金の大半は国債での運用となっている点が民間銀行と異なります。かつては，郵便貯金の資金は旧大蔵省資金運用部が運用していましたが，2001年4月から財政投融資制度が改革されて郵便貯金の全額自主運用されることとなりました。しかし，現在でもその大半は国債等の有価証券で運用されています。

　ゆうちょ銀行の株式は全額日本郵政株式会社が保有していましたが，前に述べた通り，2015年11月に上場されました。

　民営化の移行期間においては新規業務の制限がありますが，主務大臣の認可があれば新規業務を行うことは可能であり，2008年4月にクレジットカード業務，変額年金等生命保険業務が始まっています。ゆうちょ銀行は，今後，投資信託と変額年金保険の販売を強化する方針を表明しています。

3－5　新しい銀行業態

わが国の銀行システムは監督当局の強い監視の下に置かれてきたため、第二次世界大戦後、新規に銀行を設立して銀行業に参入することは、ほとんどありませんでした。しかし、日本版金融ビッグバン以降、こうした風潮は変化し、2000年以降、新規参入する銀行が増えました。日本版金融ビッグバンとは英国の証券市場の大改革を参考に、わが国で1996年から2001年にかけて行われた大規模な金融制度改革のことです。

新規参入した銀行の特徴としては、インターネットや携帯電話、またコンビニエンス・ストアのATMを拠点とする従来には見られない営業形態を持つ点です。2000年10月にはインターネット専業銀行のジャパンネット銀行が設立され、2001年5月にはコンビニエンス・ストアのATMを拠点とするセブン銀行が設立されました。また、2008年7月には携帯電話専業銀行のじぶん銀行が設立されています。

そして、2011年には大和証券グループ本社が証券系としては始めてのインターネット銀行であり、資産形成に特化した大和ネクスト銀行を設立しました。大和証券は同行の銀行代理店となっており、銀行と証券の連携を目指しています。

これらの銀行は順調に業容を拡大しているところが多く、ネット銀行首位の住信SBIネット銀行は預金残高が3.6兆円（2015年3月末）に達しています。セブン銀行も業容を拡大しており、ATMの数は21千台以上となり、ゆうちょ銀行に次ぐ数となっています。

一方、貸出先を中小企業に絞った融資業務を専門とする銀行も設立されました。これは1990年代後半に中小企業に対する貸し渋り、貸し剥がしといった問題が起こり、中小企業金融の活性化が検討された結果とされます。2004年4月には日本振興銀行が設立され、2005年4月には東京都が主導して新銀行東京が設立されました。しかし、日本振興銀行は2010年9月に破綻しました。また、新銀行東京は、2016年4月に東京都民銀行と八千代銀行を傘下に持つ東京TYフィナンシャル・グル

ープと経営統合する予定となっています。中小企業融資に特化した銀行経営は,既存の中小金融機関との競合もあり,容易ではないと言えるでしょう。

4 協同組織金融機関

協同組織金融機関とは,会員または組合員の相互扶助を基本理念とする非営利法人として,中小企業,零細企業,勤労者及び農林漁業者等への金融を行う金融機関を指します。協同組織金融機関は非営利法人であるため,株式会社組織の銀行とは異なり税制面等での優遇措置が取られています。しかし,一方で取引対象者,営業地域,そして業務の範囲について一定の制限が課されています。

例えば,信用金庫,信用組合は営業区域が定款に記載されている地区に限られています。利用者も会員,組合員,すなわち,地区内において住所,居所を有する者,事業所を有する者,勤労に従事する者などに限定されています。預金については信用金庫は制限がありませんが,信用組合は原則として組合員に限定されています。また,貸出は原則,会員,組合員に限定されています。こうした制限は株式会社組織である銀行にはありません。

信用金庫は信用金庫法に基づき設立され,中小企業の経営者又は勤労者を会員とします。信用金庫の中央機関としては,全国信用金庫連合会が改組されて出来た信金中央金庫があります。信用金庫は合併が進み大型の信用金庫が増えています。こうした信用金庫はメガ信金と呼ばれることもありますが,信用金庫の特徴は狭域高密着型の営業であり,合併すればこうした経営は難しくなる面もあります。

信用金庫は預金に対する貸出の比率である預貸比率が低下しており,50%を切っています。その一方で有価証券投資は増大し,その残存期間は長期化していると言われ,金利リスクが課題となりつつあります。

金利リスクとは一般に金利の変動が債券価格に与えるリスクのこと

を指し，保有している債券の残存期間が長いほど金利リスクは大きくなります。日本銀行のインフレ目標の採用により将来的に金利が上昇することが見込まれ，注意が必要な問題です。

信用組合は中小企業等協同組合法に基づいて設立されており，金融事業に関しては協同組合による金融事業に関する法律により定められています。組合員の対象別としては，一定地域内の小規模零細事業者や住民を組合員とする地域信用組合，特定業種の関係者を組合員とする業域信用組合，そして同じ職場に勤務する人たちを組合員とする職域信用組合などがあります。中央機関としては全国信用協同組合連合会，通称，全信組連があります。信用組合も合併が進んでおり，その数は減少傾向にあります。

農林水産金融機関としては，農業，漁業等の従事者を会員とする協同組織で農業協同組合，漁業協同組合，および森林組合があります。上部組織としては，県単位の信用農業協同組合連合会，信用漁業協同組合連合会，そして全国規模の農林中央金庫があり，これらを系統金融機関と呼ぶことが習慣となっています。この系統金融機関は，近年では従来の3層構造から2層構造になる組織再編が進められています。農業協同組合の数は規模拡大による体質強化を目指した広域合併の進展により減少し，2015年末時点では681となり，1999年3月末時点の1,714に比べ大幅に減少しています。農業協同組合は一般にはJAと呼ばれていますが，最近はJAバンクという呼称を用いて，地域の金融機関の性格を強調しようとしています。

また，労働金庫は労働金庫法に基づく労働者団体の協同組織金融機関であり，その中央機関は労働金庫連合会です。原則，各都道府県に1つずつ合計47庫がありましたが，近年，経営基盤の強化を狙いとして合併が進んでおり，2015年3月現在，13金庫となっています。

5　公的金融機関

　民間の金融機関による融資が困難な資金を供給するために設けられた金融機関を政府系金融機関と呼びます。これらは 2008 年 10 月から政策金融改革により新体制に移行しました。その新体制，再編の中核となったのは国民生活金融公庫等を統合して発足した日本政策金融公庫であり，株式会社組織となっていますが政府が 100%出資しています。

　また，日本政策投資銀行と商工組合中央金庫は民営化のため株式会社組織に転換しました。国際協力銀行の海外業務部門は国際協力機構（JICA）に統合され，それ以外は日本政策金融公庫の一部門となりましたが，インフラ輸出の加速のために，2012 年 4 月，株式会社国際協力銀行となりました。

　情報の非対称性の問題への対処や民間の金融機関の補完を目的とする政府系金融機関ですが，実際には民業圧迫と言う指摘もあり，こうした改革がなされました。その最初は住宅金融公庫であり，2007 年 3 月に廃止され，同年 4 月から証券化支援業務等を行う独立行政法人住宅金融支援機構となりました。住宅ローンは民間銀行で十分提供できる金融商品となっており，旧住宅金融公庫は役割を終えたと言えるでしょう。

　なお，日本政策投資銀行と商工組合中央金庫の完全民営化は，2015 年に先送りが決まり，公的金融の出口改革は一進一退を繰り返しています。

第3章 預金業務

1 預金の種類,構成とその多様化
1-1 預金の種類

預金は勘定科目で分類すると,流動性預金,定期性預金,外貨預金,譲渡性預金に分けられます。

流動性預金とは,顧客の要求に応じていつでも引き出せるか,あるいは引出に条件があっても比較的緩やかな条件が付けられている預金のことです。これには普通預金,当座預金,貯蓄預金,通知預金等があります。

普通預金は個人向けの預金であり,預入,払戻しが自由な最も一般的な預金であり,公共料金等の自動支払いや給与,年金等の自動受け取りも出来ます。企業も当座預金が多くなり過ぎた場合,この預金に預け入れることがあります。

なお,決済用預金は預金保険の全額保護を受ける預金であり,無利息,要求払い,決済サービスを提供できることという要件を満たす預金で,普通預金を無利息とした場合はこの預金に該当します。この預金は2005年4月のペイオフ全面解禁に際して創設されました。

当座預金は,預金者が金融機関に手形・小切手の支払いを委託し,その支払資金として預入される預金であり,払戻には小切手を用い,利息は付きません。この預金は,出し入れが頻繁なため,銀行としては手数がかかる上,残高が急に減少する可能性も多く,銀行はこの資金を運用に回すことは継続的な残高維持が確保できない限り困難です。なお,当座預金は預金保険で全額が保護される預金です。

貯蓄預金は個人向けの預金であり,預金,払戻方法の一部に制限があ

りますが，一定金額以上の残高を保てば普通預金より高い金利が付されます。しかし，1990年代後半からわが国は低金利の状態にあり，ほとんど活用されていません。

通知預金は，企業などが余裕資金の運用を決めるまでの一時的な資金の運用に用いられます。普通預金よりも高い金利で運用できますが，払戻には預入後最低7日間は据え置く必要があり，払い戻す際には2日以上前に銀行に通知する必要があります。

定期預金とは1ケ月以上の期間を経過しなければ引き出せない期限付きの預金です。銀行としては受け入れた資金を長期間運用出来るので，その分高い金利を支払います。定期性の預金には，スーパー定期預金，期日指定定期預金などがあります。外貨預金は，米ドルやユーロなどの外国通貨による預金です。金利は海外金融市場の金利水準を基に決められますが，外貨建てのために為替リスクがあります。かつては外国為替取扱銀行しか取り扱えなかったのですが，現在は自由化されているため預金取扱い金融機関であればどこでも取り扱いは可能となっています。

譲渡性預金（CD: Certificate of Deposit）とは他人への譲渡が可能な預金を言います。一般の預金は他人への譲渡や質入れは禁止されていますが，この預金は他人への譲渡が可能という点では債券に近い性質を持っています。最低発行金額，期間等に制限がありましたが，現在は自由となっています。

譲渡性預金は戦後の預金金利の自由化が始まった1979年に創設されました。CD創設の狙いは，これによって，当時，証券会社が行う債券現先とよばれる市中金利で取引される金融取引に流れていた企業の余剰資金の運用を取りこむことが狙いでした。

なお，譲渡の方式は指名債権譲渡方式によっており，この点が通常の有価証券とは異なり，銀行は誰が譲渡性預金の預金者であるか常に把握しており，指名債権としての性質を維持しています。

図表3. 銀行の主な預金商品

名称	預入期間	金利	中途換金	その他
スーパー定期	1ケ月～10年	固定	いつでもできるが、途中解約利率を適用	3年未満は単利型のみ。3年以上は単利型と半年複利型（半年複利型は個人のみ選択可）
大口定期預金	1ケ月～10年	固定	いつでもできるが、途中解約利率を適用	単利型のみ。マル優不可。
期日指定定期預金	1年以上3年以内	固定	1年据え置けば解約可能（1カ月前までに通知する）。1年未満は途中解約利率を適用。	1年複利。満期一括課税。
変動金利定期預金	1年～5年など	変動	いつでもできるが、途中解約利率を適用	半年に一度、金利が見直される。
定額貯金	6ケ月以上最長10年	固定	6ケ月経過すればいつでも解約可能	ゆうちょ銀行の商品。半年複利。満期一括課税。

資料：きんざいファイナンシャル・プランナーズ・センター編著（2014）『'14～'15年版最短合格3級FP技能士』きんざい。

1－2　預金の構成

　預金を流動性預金と定期性預金に分ければ、利子率の高い定期性預金の方が流動性預金より多い状態が通常でした。しかし、1990年代後半には日本銀行の超低金利政策を背景に短期金利が低下して定期預金利

も低下し，定期預金の利率面での優位性は小さくなりました。その結果，当座預金，普通預金などの流動性預金のシェアが上昇しました。
そして，2002年4月からのペイオフの一部解禁の影響を受けて定期性預金から流動性預金へのシフトが起こり，そのシェアは逆転しました。2005年4月のペイオフの全面解禁までは普通預金も全額保護の対象とされたからです。その後も定期預金の利率は低く推移しており，定期預金は預金全体の約4割に留まっています。

　なお，外貨預金は銀行に為替売買益が発生することから一部の銀行はその勧誘に努めていますが，そのシェアはわずかです。これは預金者が為替相場の変動リスクを取ることについて消極的であるためと思われます。

　預金者別で見れば個人預金のシェアが全体の6割以上を占めており，一般法人預金は3割弱です。このように個人預金の割合が高い理由は，個人の金融資産運用の5割以上が現金，預金で運用されていることが背景にあります。

　戦後，わが国の金融行政は貯蓄増強の方針を採り，1987年までは全ての個人を対象とした少額貯蓄非課税制度，いわゆる「マル優」を導入して預金の増加を目指しました。こうした政策もあって国民の間に預金による金融資産運用が定着しました。

　このような預金偏重の個人の金融資産運用は世界の先進諸国と比べると異例であり，先進諸国では株式，債券，投資信託といったリスク資産による運用が多くなっています。わが国の預金は貸出能力以上にある状況であり，「オーバー・デポジット」と呼ばれています。

　また，預金の金融機関別の割合を見ると5割以上を銀行が占めています。信用金庫や信用組合については1990年代以降の相次ぐ破たん等の影響から減少傾向にありましたが，近年は増加傾向にあります。

　また，かつての郵便貯金は民営化後，前に述べた通り，ゆうちょ銀行の貯金となりましたが，依然として高い割合を維持しています。1990

年代初めの高金利時代に大量に預け入れられた定額貯金が満期を迎えた2000年代初めから減少していましたが,近年は横ばいとなっており,2015年3月末時点では178兆円となっています。

1－3　預金商品の多様化

預金の商品性については1995年10月から普通銀行等による期間5年の中長期預金が認められた後,1996年10月からは預金の預入期間,付利方法についての規制は当座預金の付利禁止を除いてなくなりました。1998年6月には金融機関が取り扱う商品の商品性を定めてきた旧大蔵省通達が旧金融監督庁(現金融庁)の発足に伴い廃止されました。これ以降様々な預金商品が登場しています。

新しい預金商品としては株価連動型定期預金や懸賞金付き定期預金,ローン金利優遇預金などがありますが,近年ではオプション,スワップ等のデリバティブを用いた定期預金としていわゆる「仕組み預金」も登場しています。しかし,一般の個人がこうした商品の仕組みを正確に理解するのは困難であり,銀行の十分な説明が必要とされます。

更に,インターネットバンキング取引に限定したり,投資信託の購入など取引条件に応じて預金の適用金利を高くする預金や,振込手数料,ATMの手数料を無料にするようなサービスを付けた預金を取り扱う銀行もあります。

2　金融債と信託
2－1　金融債

金融債は預金ではなく金融機関が資金調達のために発行する債券です。戦後は大量の金融債が発行され,旧日本興行銀行(現みずほ銀行)等の資金調達に用いられました。しかし,現在ではその役割は小さくなり,金融債を発行する金融機関もほぼなくなりました。

金融債には利付債と割引債がありますが,割引債の償還差益について

は発行時に18.378%の源泉分離課税が課されます。しかし，2016年1月からこの制度は廃止され，償還時に20.315%が源泉徴収された上で申告分離課税の対象となります。

なお，金融債のうち保護預かり専用商品については預金と同様に預金保険の付保対象商品となっています。

一方，金融機関の発行する社債について言えば，1999年10月に銀行による普通社債の発行が解禁となり，その発行残高は年々増加しています（2014年12月末時点で17兆円）。

2−2 信託

前に述べた通り，信託銀行等の受託する財産は委託財産が金銭か否かによって金銭の信託と金銭以外の信託に大別されます。金銭の信託の代表的な商品は金銭信託があり，委託者が信託銀行等に金銭の信託の運用を委託し，委託を受けた銀行がこれを運用して一定期間後に委託された元本と運用利益を受益者に返還するものです。

これには指定金銭信託といわゆる特金（トッキン）と呼ばれた特定金銭信託があります。特定金銭信託は運用方法と運用の対象を委託者が指定するものであり，1980年代後半のバブル期に企業の資金運用として盛んに用いられた経緯があります。金銭信託に元本の保証はなく，運用実績に応じて配当が行われます。「ヒット」はこの金銭信託であり，預金保険の対象商品ではありません。

なお，信託商品は信託財産が信託銀行等の銀行勘定とは分別管理されており，たとえ信託銀行等が破綻してもその影響は受けません。この特徴があるため，「信託は財産の安全地帯」という言葉もあります。

金銭信託は残高が急増しており（2015年3月末時点で157兆円），中でも信託銀行が自らの裁量で運用する資産運用型の信託ではなく，信託銀行が委託者の指図に基づき管理する資産管理型の金銭信託が増加しています。なお，委託者が指図を行う信託を委託者指図型信託と呼び，

指図がないものを委託者非指図型と呼びます。

　貸付信託は信託業務を営む銀行が受益証券を一般に売り出して資金を集め，これを長期貸出を中心に運用するものですが，既に役割を終えています。

　年金信託は年金基金等が年金資金の運用のために委託するものであり，確定給付企業年金信託等があります。また，金銭信託を利用した個人年金信託などもあります。

　投資信託には信託契約を用いた契約型投資信託と投資法人を用いた会社型投資信託がありますが，一般的な投資信託は信託を用いた契約型投資信託です。銀行，証券会社が受益証券を販売し，投資信託委託会社がその投資家から集めた資金をひとつの基金（ファンド）としてまとめて運用の指図を行い，その運用資金自体は信託銀行に信託契約によって信託することから契約型投資信託と呼ばれます。

　一方，投資法人を用いる投資信託は会社型投資信託と呼ばれ，不動産投資信託，いわゆるJリートが有名ですが，米国ではこの会社型投資信託をミューチュアル・ファンドと呼んで投資信託のほとんどがこの会社型投資信託です。

　投資信託の販売は1998年12月から銀行等に解禁され，現在では銀行と証券会社とは，その販売額が同程度となっており，銀行の投資信託販売，いわゆる投信窓販は投資信託の販売形態に大きな変化を与えました。公募投資信託の純資産残高は2015年3月時点で97兆円となっています。

3　預金利子課税制度と財形貯蓄制度
3-1　預金利子課税制度

　1988年4月，前に述べた預金利子についての少額貯蓄非課税制度，いわゆる「マル優制度」は廃止され，預金の利子等については一部を除いて一律20%（国税15%，地方税5%）の税率による源泉分離課税が行

われています。そして，2013年から復興特別所得税が課税され，国税部分は15.315%となり，地方税と合計で20.315%となっています。

この例外として，障害者等を対象とした少額貯蓄非課税制度，いわゆる障害者等のマル優，少額公債非課税制度，いわゆるマル特があり，それぞれ元本350万円を限度に，それから生じる利子等が非課税となります。なお，2007年9月まであった郵便貯金の利子に対する非課税制度，いわゆる郵貯マル優はゆうちょ銀行の発足と同時に廃止されました。

この他の非課税制度としては，次に述べる勤労者を対象とした財形年金貯蓄および財形住宅貯蓄があり，これらの合計元本550万円までとそこから生じる利子等が非課税となっています。

3－2　財形貯蓄

財形貯蓄制度は勤労者の資産形成を国が税制面・財政面から援助し，事業主もこれに協力することにより，勤労者の貯蓄や住宅の取得を促進することを目的としています。前に述べた通り，財形年金貯蓄と財形住宅貯蓄には非課税制度も設けられています。

一般財形貯蓄は，勤労者が3年以上の期間にわたって定期的に事業主による給与天引・払込代行の方法により積み立てる貯蓄です。税制面の非課税措置はないのですが事業主から給付金がある場合があります。その場合，事業主には国から助成金が支払われるため事業主の財政的負担が軽減されています。

財形年金貯蓄は，満55歳未満の勤労者が老後の生活の安定を図るため5年以上の期間に渡って定期的に積立を行うものであり，財形住宅貯蓄は，同様に満55歳未満の勤労者が持家としての住宅を取得することを目的として5年以上の積立を行うものです。

これらの財形貯蓄を行い，一定の条件を満たした勤労者は低利の住宅資金の融資を受けることが出来るメリットがあります。住宅資金は貯蓄残高の10倍以内，上限4,000万円と借入限度額が大きく，事業主から

の利子補給が受けられる場合もあります。

　なお，預金利子に関するものではありませんが，少額投資非課税制度，日本版 ISA，NISA が 2014 年から実施されています。投資信託の約 5 割を販売する銀行にとって，この NISA も重要な非課税制度となっています。そして，2016 年から未成年者少額投資非課税制度，ジュニア NISA も実施され，その活用が期待されています。

第4章　貸出業務

1　貸出の種類と金利
1－1貸出の種類

　貸出の種類は手形割引と貸付に分けられ，貸付は手形貸付，証書貸付，そして当座貸越に分類されます。

　まず，手形割引は借入人が所有している手形を支払期日までの利息相当額を割り引いて買い取るものであり，その手形は商業手形です。商業手形は実際の商取引から生じたものであり，手形の支払人による商品売却による決済が見込まれることから支払いの可能性が高い手形です。その期間は手形の支払期日までであり，商取引の実態を反映しているため3ケ月～6ケ月程度と短くなっています。借入人は返済を行う必要はなく，その商業手形の決済によって返済は終了することになります。

　手形割引の貸出の判断は手形支払人の支払い能力に大きく依存し，また，その手形が不渡り手形となった場合の借入人の買戻し能力も重要となります。なお，融通手形と呼ばれ，銀行から手形割引を受けるためだけに，借入人の依頼によって商業取引の裏付けなく振り出される場合があり，銀行はその手形がそうした手形でないかを判断することも求められます。

　この手形割引はかつては貸出残高の約2割を占めていましたが，近年では1%未満まで減少しています。これはそもそも商業手形の流通が減少していること，また，貸出が長期貸出にシフトしていることがあります。特に個人向けの住宅ローンが増加していることが大きな要因と思われます。なお，近年，商業手形に代わり，後で述べる電子債権が流通し始めました。

手形貸付は，銀行が貸出を行う時に借入人から手形の振り出しを受ける形式のものです。借入人が自己を振出人，銀行を受取人とする約束手形を振り出し，銀行はこの手形と引き換えに貸出を実行します。

　返済期日には借入人であり手形の振出人が銀行に手形金額を返済します。資金使途は，通常，運転資金で期間は3ケ月が一般的ですが，書き換えが行われ長期運転資金の貸出に利用されることが多い点が手形割引と異なります。手形に裏づけられた与信ですから債務不履行があった場合の取立手続きが簡単です。このため，かつては貸出残高の約4割を占めていましたが，現在では4%程度まで減少しています。これは手形を用いるために印紙税がかかること，また，前に述べた通り貸出が長期化し，貸出条件も複雑化していることなどが要因と言われます。

　証書貸付は，銀行が貸出を行う際に借入人から借用証書を受け取る形式のものです。手形を用いることが困難な不動産担保による設備資金の貸付，地方公共団体への貸付に用いられます。また，長期の貸出には様々な融資条件を取り決め，これを証書に記載する必要があり，これは手形貸付では困難であることから証書貸付によって行われます。例えば，住宅ローンの貸出や企業の設備資金調達に対する貸出が典型です。

　こうしたことから，かつては銀行の貸出残高の約4割であった証書貸付ですが現在では8割程度を占めるまでになっており，今後も貸出業務の主流を占めると思われます。

　当座貸越は，当座預金取引先に対し，予め約定した一定額の極度の範囲内であれば，当座預金残高を超えて小切手の支払いを認めるもので，欧州諸国では商業銀行貸出の中心となっています。

　近年，通常の手形・小切手の決済のための当座貸越ではなく，手形割引や手形貸付の代わりに当座貸越を利用する企業も増加していましたが，近年では証書貸付の増加が大きく，横ばいとなっています。

　当座貸越は借入時の書類作成の手続きが省略でき，印紙税を払わなくて良く，当座貸越の口座は専用口座として一般の手形・小切手の決済用

の口座とは別に設けられています。

わが国で最も利用されている当座貸越は総合口座取引によるものであり,最近では消費者向け及び事業者向けのカードローンとしても活用されています。

図表 4. 形態別貸出金の推移

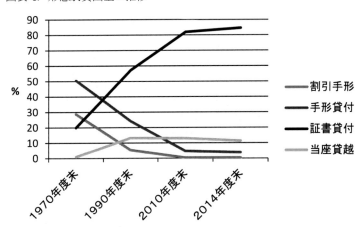

出所:全国銀行協会ホームページ「全国銀行財務諸表分析」より作成。

1－2　貸出金利

銀行の貸出金利は,短期プライム・レートなど基準とする金利をベースに借入人の信用度,資金使途,担保,保証の有無や内容,そして取引関係を考えて相対取引で決定されます。しかし,実際には貸出市場での競争が激しく,相対取引だからと言って割高な金利が設定されることはあまりないと言われています。

ただ,実際には中小企業向けの貸出金利が個人向けの住宅ローンの金利を上回るような状態も起こっており,借入人によっては割高と思える金利が設定されていることもあります。また,個人向けのカードローン

については，比較的高い金利となっている場合もあると言われています。

貸出取引は短期と長期に大別されますが，その区別はあまり明確ではありません。なぜなら，事実上の長期の貸出，つまり期間 1 年を超える貸出が形式上は手形貸付の書き換えの継続で行われることもあるからです。手形貸付で貸し出される運転資金は，理論的には売上金が売掛金へ，そして受取手形から現金へと変わり，短期間に返済されるものです。しかし，長期的には常にバランスシートの一定の負債の残高を占めることから長期運転資金として借入を行う場合があります。

短期貸出は期間 1 年未満の貸出を言うのですが，それは短期プライム・レートを基準として，前に述べた通り貸出先毎に相対取引で決定されています。短期プライム・レートとは最優遇金利の意味で 1975 年までは銀行協会の申し合わせで公定歩合を基準に決定されていましたが，金融自由化が進み，1989 年以降は銀行の資金調達コストをベースとした新短期プライム・レートが基準になっています。現在では新短期プライム・レートは，単に「短プラ」と呼ばれています。

また，大企業を中心に，LIBOR（ロンドン・インターバンク・オファード・レート）や TIBOR（東京インターバンク・オファード・レート）といった短期金融市場における調達金利に一定の利鞘・スプレッドを上乗せして貸出金利を決定するスプレッド貸出（市場金利連動型貸出）も大企業向け貸出を中心に普及しています。

これは金融の自由化が進み銀行の市場性資金による調達割合が高まったことから始まったものです。借入人が大企業にとっても実効金利の調整の必要がなく，借入コストが明確にできるなどのメリットがあると言われます。実効金利とは借入金利と預金取引を総合的に考えて算出した金利のことです。

銀行取引では公定歩合が短期貸出の基準金利とされていた 1975 年以前から，借入人が借入金の一部を銀行に預金を行う歩積み，両建て預金と呼ばれる慣行がありました。これが過当なものとなると事実上，貸出

金利が著しく上昇することになり，金融当局から規制されていました。しかし，高度成長時代は公定歩合が人為的な低金利であったため，こうした金利でも企業は十分なメリットがあったと言われています。

長期貸出については金利の下限を定める申し合わせ等はなく自由に決められていました。しかし，貸出金利を低く抑えるという政府の方針に基づいて，かつての長期信用銀行が行う長期貸出の最優遇金利である長期プライム・レートが決められていました。この金利は利付金融債の利率に 0.9%プラスしたものであり，長くこの長期プライム・レートが長期貸出の基準として用いられてきました。

その後，1991 年 4 月，前に述べた新短期プライム・レートを基準に貸出期間や残存期間に応じて一定のスプレッドを上乗せする短期プライム・レート連動長期変動貸出金利，新長期プライム・レートが用いられるようになりました。普通銀行は利付金融債を発行していなかったため，元々，長期プライム・レートによる固定金利による貸出は貸出を行った銀行が金利変動のリスクを負うことから問題があると指摘されていました。このため現在の長期貸出では長期変動基準金利型の新長プラによる取引が増えています。

また，後で述べる金利スワップ取引を用いて短期変動金利を長期固定金利に交換する金融技術が発展したことから，この金利スワップを利用した長期固定金利貸出も多く行われています。この場合，従来の長期プライム・レートによる貸出のように普通銀行が金利変動のリスクを負うことはありません。

貸出金利の水準は，1990 年代以降，日本銀行の低金利政策，アンダープライムの貸出の増加によって大幅に低下しており，近年では短期，長期ともに 1%未満から 1%台となっています。ただし，中小企業及び個人については比較的高い金利も適用されている場合があります。

貸出金利のベースとなるのは短期金融市場の金利水準ですが，前に述べた日本銀行の金融政策もあって大幅に低下しています。また，債券市

場の利回りも低下しており，債券市場と裁定関係にある金利スワップ市場の長期金利の水準も低下しています。

　短期と長期の金利水準には，通常，長期金利の方が短期金利より高くなっています。これは長期金利には流動性についてのリスク・プレミアムがあるとされているからです。つまり，貸し手は長期間資金を手放す流動性リスクがあり，その報酬が考慮されています。

　しかし，短期金利が高くなり長期金利が低くなる長短金利の逆転が起こることもあります。この点については金利の期間構造に関する期待理論という考え方があります。この理論では，長期債の利回り，つまり長期金利は将来の短期債の利回り，すなわち将来の短期金利の現時点における予想値の平均に一致するように決まるとしています。先行きの短期金利の低下が見込まれる時には長期金利は低下し，長期金利より短期金利の方が高いという長短金利の逆転現象が起こります。

　通常は前に述べた通り，リスク・プレミアムから長期金利は短期金利より高いのですが，経済状態の変動がある場合は長短金利にはこうした安定性はありません。わが国では1990年の景気のピーク，バブル経済崩壊の初めに長短金利の逆転が発生したことがあります。米国ではリーマン・ショックの前の住宅バブルの最中の2005年に長短金利が逆転しました。

　なお，金利については名目金利と実質金利を考慮する必要があります。企業は借入の金利だけでなくインフレ率を考慮します。仮に3%の貸出を受けても商品価格が1%上昇すれば実質金利は2%と考える。デフレも同様であり，1%の商品価格の下落があれば実質金利は4%となります。わが国は1998年頃からデフレの状態が続いているので名目の貸出金利は低金利ですが企業の実質金利は低下していないことに注意が必要です。

　これが企業の資金調達のコストを高め，経済成長に悪影響を与えるとされています。実質金利が高い場合，企業の採算の取れる企業活動が減

少し，貸出量は低下します。また，実質金利が高い場合，海外の投資家は日本での資金運用を目指します。すると外貨を売って円を買う為替取引が大量に発生して円高が起こり，輸出産業の経営が厳しくなることが考えられます。

なお，ここでインフレ率，デフレ率と述べていますのは予想の値です。従来は，予想インフレ率は把握が困難でしたが，現在は物価連動国債と普通国債の利回りの差であるブレイク・イーブン・インフレ率が予想インフレ率として用いられています。2013年から始まった日本銀行の量的・質的金融緩和は2％のインフレ目標の実現を目指しており，デフレからの脱却が成功すれば実質金利は低下します。それを先取りした形で円高は解消しています。また，企業活動も徐々に活性化しています。

2 貸出の構成と新しい貸出
2－1 貸出の構成

企業向けに貸出された資金の使途をみると設備資金か運転資金かという分類ができます。一般に商業銀行は短期の資金を集めて短期の貸出を行うことが健全とされていますが，現在のわが国の普通銀行は前に述べた通り長期貸出を行い，設備資金のための貸出も行っています。貸出の期限別の内訳では，期限1年以内が約3割，1年超が約6割，期限の定めのないものが約1割となっています。

健全性の観点から大規模な設備資金は長期信用銀行が利付金融債を発行し，その資金を元手に行うことが戦後長く行われていました。その見返りに利付金融債を普通銀行等の金融機関が購入するという複雑な金融手法が設備資金への貸出では行われていました。

しかし，現在では普通銀行は社債も発行できるようになり，また金利スワップ取引により短期資金調達を背景に長期固定金利による貸出を行うことも出来るようになっています。また，新長期プライム・レートによる貸出で長期の変動金利貸出が多く行われています。

大企業は金融の自由化が進むと設備資金の調達を株式，社債の発行という直接金融にシフトさせています。また，低成長の時代になると高採算の設備投資の需要も減少し，内部資金で賄えるようになりました。銀行はこのため大企業の大口貸出先を多く失うこととなりました。いわゆる「大企業の銀行離れ」と呼ばれる現象です。また，1990年代末から企業は全体としては負債を返済しています。

　一方，銀行はこの現象への対応として中小企業への貸出，そして更に個人の住宅ローンへの取組を拡大しました。このため，バブル崩壊後は，設備資金向け貸出は一時低下したものの住宅ローンを中心に長期貸出は増加傾向にあります。

　企業規模別の貸出先では，1980年代前半に総貸出の約30%を占めていた大企業向け貸出は，大企業の銀行離れによって1990年代前半までに減少しました。一方，中小企業向けの貸出は増加しましたが，これは前に述べた通り銀行の積極的な中小企業向けの不動産を担保とした長期貸出の増強策の結果です。これによって信用金庫，信用組合などの協同組織金融機関は大きな影響を受け，銀行と同様に中小企業に不動産担保による比較的緩やかな審査による貸出を行いました。これが，大企業の銀行離れに無関係であった中小金融機関までもが不良債権問題に巻き込まれる原因になったと言われています。

　1980年代頃は，銀行，特に大手銀行には信用金庫，信用組合の取引先である中小企業の与信審査の技術は十分とは言えませんでした。そこで不動産担保に依存した貸出が多用されました。また，当時の地価上昇を受けて，不動産担保の評価も時価と同額とするなど地価下落を予想しない担保評価が行われていました。こうしたことが不良債権問題の原因の一つとなりました。

　銀行は，戦後，土地の価格が上昇する傾向を活用して不動産を担保に取り，企業に多くの資金を供給してきました。しかし，いわゆる土地神話が崩れて土地価格が下落すると不良債権を多額に抱えることとなり

ました。

　その後は中小企業の資金需要の低迷，そして銀行の不良債権問題を背景とした慎重な貸出姿勢から「貸し渋り」，「貸し剥がし」と呼ばれる貸出を圧縮させる現象も中小企業向け貸出について発生し，中小企業向け貸出は減少しました。

　このように企業向け貸出が減少する中で増大したのが個人向け貸出であり，その内容は前に述べた通り住宅ローンです。住宅ローンは住宅の土地と建物が担保としてあること，また，米国と異なりわが国の住宅ローンは，いわゆるノンリコース・ローンではなく借入人に最後まで返済を求めることが出来ることもあって銀行は団体信用生命保険を活用しながら積極的にこれに取り組んでいます。

　貸出の業種別区分をみると，かつて貸出先の多くを占めていた製造業から，第3次産業，特にサービス業へとそのウエイトがシフトしています。これは，わが国の産業構造が経済の発展と伴に第3次産業へとシフトしていることが大きい要因となっています。

　製造業における借り手は大企業が大半を占めるようになり，その大企業は前に述べた通り，直接金融による調達を増やしています。一方，サービス業には比較的規模の小さな企業が多く，直接金融による資金調達が出来ません。こうしたことからサービス業向け貸出の割合が増えています。

　とは言え，全体として企業向け貸出は減少して個人向け貸出が増えています。2014年12月末時点で，個人向け貸出の残高は国内銀行ベースで127兆円となっています。こうして銀行は個人から預金を集めて，企業に貸出を行うだけでなく，個人へも貸出を行うようになり，個人から個人へという資金の流れの仲介においても大きな役割を果たしています。わが国の金融資産の約6割は人口の約3割を占める60歳以上の高齢者層が保有していると言われ，この資金の一部を住宅取得を行う30歳代，40歳代の人々へと仲介していると言えます。

なお、不動産業への貸出残高は依然として大きいものとなっています。産業が高度化するとオフィス需要、そして快適な住宅の需要は高まることから不動産業は一定の資金需要を持ち続けると思われます。しかし、Jリートのような不動産の証券化が進むと不動産業への貸出からそうした証券への投資に与信の形態が変わる可能性もあります。

2-2 新しい貸出

　銀行は低迷する企業向け貸出の状況を打開するために様々な新しい貸出形態の創出に取り組んでいます。その中には欧米においては従来より取り組まれていたものもあり、全てが新しい取組とは言えません。しかし、わが国の銀行はこれらを取り入れ、新しい貸出に取り組んでいます。

　まず、コミットメントライン契約とは、企業との間であらかじめ貸出枠を設定し、この枠内であれば企業の申込を拒絶することなく直ちに貸出を実行する契約です。欧米では一般的なものであり、わが国の銀行の海外支店では従来から行われてきたものです。わが国では1999年3月の特定融資枠契約法の施行以降、大企業向け貸出に活用されています。

　これはコミットメントライン契約を設定すると、貸出を実行しなくてもコミットメントフィーが銀行に支払われますが、これが利息制限法、出資法のみなし利息に該当しないと明定されたことから普及しました。そして、2011年には中堅企業にも利用できるように法改正が行なわれ、幅広い利用が期待されています。

　次に、シンジケート・ローンは、アレンジャーとなる銀行が取りまとめ担当者となって借入人である企業を折衝し、融資に関する情報を取得し、分析した上で融資条件を決め、複数の金融機関、これをシンジケート団と呼ぶのですが、これらが同一の条件で貸出を行う契約です。

　アレンジャーには複雑な取りまとめ作業を担当したことに対する報酬が支払われます。一方、シンジケート団に参加する銀行は、自分では

取引が出来ないような企業に対して，その銀行にとって過大でない融資額で貸出を行うことが出来，堅実に貸出資産の増加を図ることができます。実際の取引では，大手銀行がアレンジャーとなり地域銀行がシンジケート団として参加する場合が多いようです。

　第三に，プロジェクト・ファイナンスがありますが，これは貸出の返済原資をプロジェクトが将来生み出す収益とする貸出です。資源開発，電力，通信といった大規模なプロジェクトにおいて用いられることが多いのですが，近年では規模が小さくとも用いられます。

　1999年9月のPFI推進法の施行により，PFIに取り組む地方自治体が増えています。このPFI，プライベート・ファイナンス・イニシアティブとは，公共施設等の建設，維持管理，運営等を民間の資金，経営能力及び技術的能力を活用して行う手法であり，その中で推進事業体を設立し，当該事業体の生み出す収益のみを返済原資として貸出が行われることが一般的です。

　第四に，DIPファイナンス（Debtor in possessionファイナンス）とは，民事再生法や会社更生法の手続きにはいった企業向けの貸出であり，企業の再建に必要な資金を貸出すものです。こうした貸出は，銀行は従来は不良債権として貸出が出来なかったのですが，2001年6月にDIPファイナンスを原則として不良債権としない方向で金融庁の金融検査マニュアルが改訂されるなど制度整備が図られました。

　最後に，ABL，アセット・ベースド・レンディング（Asset Based Lending）とは動産，債権等の収益資産を担保として貸出を行うことを言います。商品などの集合動産や将来債権を担保とすることが，2003年10月の債権譲渡特例法の施行で可能となったことから，その活用が進んでいます。このABLにおいては，在庫商品,売掛債権の評価がポイントとなりますが，担保として提供する不動産を保有しない企業にとっては有力な金融手段となると考えられています。

　ABLは企業から銀行への詳細な情報の開示があって可能な手法であ

り，銀行と企業のリレーションの強化にもつながるとされ，金融庁が地域金融機関に求めたリレーションシップ・バンキングの一環として，2005年頃から積極的に取り組まれています。米国では事業向け貸出の約2割はABLで行われていると言われています。

ただ，現在のところ，ABLにおいて担保として取得した動産を処分する市場が形成されていません。また，動産譲渡登記制度の改善も必要と言われています。2010年に閣議決定された新成長戦略においてもABLを取り巻く環境整備が掲げられています。なお，2012年には銀行等の子会社が担保財産の売買，所有・管理が出来るようになりました。

3 リスク管理

銀行が貸出した資金が回収できなくなるリスクを信用リスクと呼び，銀行が貸出業務を行う上で最も重要なリスクです。銀行はこの信用リスクを管理するため審査を行った上で貸出を行います。前に述べた情報生産機能の一部です。つまり，貸出債権の質に注意を払います。また，個々の貸出債権への注意と共にその銀行の貸出債権の全体について特定の企業や業種に貸出が集中しないよう分散化を図ります。この貸出債権の質とその分散化が貸出の信用リスク管理の基本となります。

また，モニタリングとして，銀行は最低年1回は企業から決算書の提出を受け，財務分析を行い，貸出後のモニタリングを行っています。

そして，信用力の補完のために，担保（物的担保）や保証（人的担保）を借入人に要求することが一般に行われます。無担保，無保証，すなわちいわゆる信用での貸出はそう多くはなく，担保か保証のいずれかが付されている場合が大半です。かつては，前に述べた通り，不動産担保，つまり不動産に抵当権を設定する貸出が多かったのですが，不動産価格の長期的な下落傾向もあって減少傾向にあります。

バブル時代には不動産担保に依存した過剰な貸出が行われたことや，不動産，ノンバンク，建設業等の特定業種への貸出の集中が起こり，

1990年代のバブル崩壊,そして景気の低迷で大量の不良債権が発生しました。その結果,前に述べた通り,貸し渋りや貸し剥がしにより貸出額を抑えようとする動きも起こりました。また,逆に不良債権問題の先送りのため大企業向けに追い貸しも起こりました。そこで近年では信用格付制度が整備され,信用リスクを数値であらわす計量化も行われ,信用リスク管理体制の整備が行われています。

この信用格付制度とは,借入人,または個別の与信案件について信用リスクの程度に応じて何段階かに分類し,その分類に基づいて与信運営・管理を行う制度です。信用格付は借入人の財務データをベースに定性的要因を加味して判断されます。この信用格付制度は金融庁が銀行を検査する時の金融検査マニュアルの中の 信用リスク検査マニュアルに準じて行われています。 それによれば少なくとも5つの債務者区分を設けることが求められますが,銀行はそれよりも細分化した信用格付を実施しています。

こうして個別の借入人,与信案件の信用リスクが計量化され,そこから与信ポートフォリオ全体のリスク管理が行われます。そして,信用リスクに応じた貸出金利の設定へと進みます。

しかし,大企業は外部の格付機関の格付を参考にすることなども可能であり,分析するデータが豊富ですが,中小企業の場合十分な定量分析が出来ない事が多いと言えます。このため全国地方銀行協会のCRITS(信用リスク情報統合サービス)などのデータベース機関が設立され,銀行の取組を支援しています。もっとも,中小企業への貸出を信用格付だけで判断することは貸出を困難化することもあり,金融庁はリレーションシップ・バンキングと呼ばれる地域密着型金融の推進を奨励し,定性情報の取り込みと中小企業の経営への支援を推奨しています。前に述べた金融庁検査マニュアルも中小企業向けの貸出については大企業とは異なるものが用いられています。

4　中小企業向け貸出

4－1　概要

　中小企業は株式市場，債券市場を通じた資金調達が困難であり，前に述べたように資金調達において銀行貸出に依存する場合が極めて多くなっています。従って中小企業金融における銀行の役割は大きいと言えます。中小企業金融は信用金庫，信用組合といった協同組織金融機関，そして政府系金融機関である日本政策金融公庫が大きな役割を果たしていますが，銀行も中小企業金融に貢献しており，中小企業向け貸出の約71%は都銀，地銀，第二地銀によって行われています（2010年度時点）。

　中小企業の定義は，原則として資本金3億円以下または従業員300名以下の事業所であり，わが国の企業の99%は中小企業に該当し，従業員数は約66%を占めており，中小企業のわが国の社会全体への影響は大きいものがあります。

　中小企業は，資本の額が小さく技術革新に応じた設備の更新が困難になりがちであること，大企業の下請け企業である場合が多く，不況期に大企業の業況悪化の影響を受け易いなどの特徴があります。

　例えば，2008年のリーマン・ショックの後，わが国は急激な景気後退に陥りました。大企業はもとより中小企業も大きな影響を受けたため，中小企業金融円滑化法が2009年12月に施行されました。これにより資金繰りに困る中小企業の返済猶予や期間延長に金融機関が応じる努力義務が課されました。この法律は当初期間1年でしたが，2013年3月まで延長されました。

　また，中小企業は株式市場を通じた資金調達が困難であることから，その自己資本比率は大企業の約40%に対して約27%程度（2010年度）に留まっており，これが中小企業の財務上の安定性を損なっています。このため，銀行の中小企業への貸出は，一部は事実上の資本に近い擬似資本としての性質を帯びており，容易に返済を求められない貸出である

とも言われます。しかし、これが不良債権化すると、銀行の健全性を損なうことになります。

他方、新興企業向け株式市場の創設や中小企業の私募債に信用保証協会の保証をつける特定社債保証制度の創設など、中小企業の株式、債券市場へのアクセスを改善する試みも行われています。しかし、こうした試みには限界があり、今後も銀行は中小企業金融において重要な役割を果たしてゆくと考えられています。

この中小企業金融では、前に述べた通り信用金庫と信用組合の役割も大きいと言えます。しかし、信用金庫は銀行に比べると資金調達のコストが高く、貸出金利を銀行より高くせざるをえないという点があります。また、信用組合の経営規模は信用金庫よりも更に小さく、経営破綻するところもあります。しかし、信用金庫、信用組合は戦後の経済成長の過程において、中小企業の発展に大きく貢献してきました。

銀行は1980年代から大企業の銀行離れに対応して中小企業貸出を新たな収益源と位置づけ積極的に取り組むようになりました。国内銀行の法人向け貸出287兆円に占める中小企業向けの貸出残高は177兆円となっており（2014年12月末時点）、その割合は約6割程度で推移しています。

ただ、民間金融機関による中小企業向け貸出には信用リスクの点で難しい面があることから、後で述べる信用保証協会の保証付の貸出が広く行われています。

一方、銀行は財務改善アドバイスの強化や、スコアリングと呼ばれる自動審査の手法を用いた迅速な無担保貸出も開発して中小企業向け貸出に取り組む姿勢を見せています。しかし、自動審査の手法には限界もあり、不良債権を多く生み出しているとも言われています。これを受けて、大手銀行ではこのスコアリング方式の貸出を縮小させているところもあります。

また、前に述べた通り、地域の金融機関は地域密着型金融・リレーシ

ョンシップ・バンキングと呼ばれ，金融機関が顧客の取引先と長期的な信頼関係を築いて豊富な顧客情報を蓄積し，質の良い金融サービスを提供することに取り組んでいます。

4－2　公的中小企業金融

公的な中小企業金融としては政府系金融機関の貸出と信用補完制度があります。政府系の金融機関として中小企業向けの貸出を行っている金融機関には，日本政策金融公庫と商工組合中央金庫があります。日本政策金融公庫では特定の政策目的を遂行させるための特別貸付を中心とした融資を提供しています。

信用補完制度としては信用保証協会による信用保証制度があり，この債務保証については日本政策金融公庫が再保険を付しており，双方をあわせて信用補完制度と呼びます。

信用保証協会の保証による民間金融機関の貸出は不況期になると多く行われ，その結果，返済不能となった貸出について信用保証協会による代位弁済も多く行われるようになりました。

この要因としては，銀行が信用リスクを信用保証協会に依存して貸出を安易に拡大したとされ，2007年には民間の金融機関が返済不能額の20％についてリスクを負う責任共有制度が導入されています。信用保証協会の代位弁済比率は近年3％程度まで上昇したこともあり，この水準の信用リスクは民間の銀行では負担できないと思われ，信用保証制度の役割は大きいと言えます。信用保証協会の2015年3月末時点の保証残高は28兆円，2014年度の年間代位弁済額は5千億円であり，保証残高，代位弁済額共に減少傾向にあります。

第5章　為替業務

1　為替業務の概要と全銀システム・手形交換

　為替業務は，預金業務，貸出（貸付または手形割引）業務と並ぶ銀行の三大業務とされ，銀行法により銀行の基本的業務とさています。為替とは隔地間の債権・債務の決済であり，資金移動を現金の輸送によらないで金融機関を介して行う仕組みを指しますが，ここでは国内の資金移動，決済について述べます。

　ただ，為替取引は以前は隔地間で行われたものですが，振込は便利な支払方法として同一地域内でも多く行われており，隔地間という点については現在では大きな意味はなくなっています。

　銀行間の国内の振込みの処理は内国為替によって行われますが，1973年に全国銀行データ通信システム（全銀システム）が稼動し，電信処理されるようになりました。この全銀システムは，金融機関同士の為替通知を日中に送受信するオンラインシステムです。

　このシステムでは，日本銀行において当日の午後4時15分に各金融機関が日本銀行に保有する当座預金の口座において差額決済により資金移動を完了させます。この資金の受け渡しは日銀ネットというシステムで行われていましたが，前に述べた通り，2015年10月，このシステムが全面改修されました。

　また，全国銀行協会は，決済インフラの高度化，及び経済の活性化と国民生活の向上を図るために全銀システムの稼働時間の拡大を目指しており，2018年に24時間，365日稼働，リアルタイム着金を実現することに取り組んでいます。

　手形交換とは，金融機関が顧客から取り立てのために受け入れたり，

手形割引により取得した手形を手形交換所に持ち寄って相互に呈示し,交換することです。この手形交換の決済はその差額を日銀の当座預金,または幹事銀行に保有する当座預金振替によって決済するネット決済が行われています。

日本銀行の当座預金の決済は,日銀ネットにより 2001 年 1 月以降,即時グロス決済,リアル・タイム・グロス決済 (RTGS: Real Time Gross Settlement) が行われています。これによって取引相手の破綻による不払いのリスクを回避出来ます。なお,この制度のために日本銀行は担保の範囲内で日中当座貸越を認めています。

そして,内国為替の決済についても 2011 年 11 月に 1 億円以上の大口分については全銀システムから日銀ネットに送られて決済される即時グロス決済に移行しました。

手形交換の枚数,金額は,企業が決済を手形,小切手から振込みにシフトしていることから年々減少しています。この手形交換では,信用取引純化の手法として,取引停止処分制度を採用しています。これは,手形・小切手が資金不足で決済できなかった場合,つまり,いわゆる「不渡り」を起こした場合,これを 6 ケ月間に 2 回起こすと金融機関は 2 年間,当該手形・小切手の支払い義務者と取引を停止する制度です。この取引停止を起こすと業務上の信用を著しく損なうことから,事実上,企業の破綻を意味すると言われます。

この手形については,電子手形と呼ばれる手形の機能を電子的に処理することが考えられ,2008 年 12 月,電子記録債権法が施行されました。これによって中小企業者を含む事業者の資金調達に新たな手段を提供できる可能性があり,取引の安全も一層高まることが期待されています。そして,2013 年 2 月には全国銀行協会が「でんさいネット」(全銀電子債権ネットワーク) を開業し,これにより電子債権の流通が拡大することが予想されています。

自動支払いは,顧客の普通預金等から銀行が預金者に代わって必要な

資金の支払いを行うもので，税金，公共料金，クレジットカード代金などの支払いについて行われています。こうした自動支払いが行われる普通預金の残高は一般的にこうした機能がない口座に比較して高いと言われます。これは口座からの引き落とし・支払いに備えて預金者が予め預金残高を高く保つためとされます。

図表5．自動支払いの仕組み

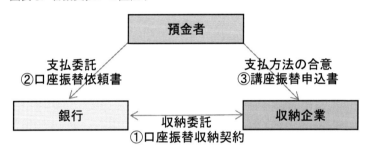

自動受け取りは，給与振込み，年金，株式配当金，公社債の利金の受け取り等に利用されています。人々が取引金融機関を決める場合は，住居からの近さ，つまり立地と，この給与振込みの指定口座であると言われ，給与振込みの口座を金融機関が獲得できるかどうかは個人取引拡大という営業上も大きなポイントとなります。

2　ATMネットワークと電子マネー
2－1　ATMネットワーク

ATMは現金自動預払機のことであり，わが国では現金による決済が個人の間では多く行われています。これは米国と異なり，わが国では小切手制度が個人の間では普及しなかったこと，治安の良さ，オンライン方式の電子マネーがあまり普及しないこと，そして現在では高性能の

ATMネットワークの充実（2012年3月時点で約137千台）していることがあると言われています。

ATMが普及する前は，CD，つまりキャッシュ・ディスペンサー（現金自動支払機）が用いられていました。その後，技術の進歩によりATMがCDにとって代わりました。そして1990年代の旧大蔵省の規制緩和でATMは急速に普及しました。

銀行行政として店舗の設置規制は大蔵省の銀行行政の柱の一つでした。預金金利が規制されていたため，預金を集める力，つまり預金量が銀行の収益も決めていたため，預金を集める基盤となる店舗の設置には厳格な規制がかけられ，金融機関の経営格差が広がらないような競争制限的規制としての店舗規制がされていたためです。ATMもそうした観点から規制されていました。

ATMの稼動時間は1992年，1995年に相次いで緩和され，土日，祝日の稼動が一般的となっています。かつては，各銀行のATMのネットワークは全てが繋がっていたわけではないのですが，1997年5月，前に述べた通り，各業態のオンライン提携網を接続する全国キャッシュサービス（MICS）を通じてすべての民間金融機関でCD・ATMの相互接続が実現しています。

また，その設置も1990年代末からコンビニエンス・ストアでも行われるようになり，わが国のATMネットワークは充実したものとなっています。なお，JAバンクと呼ばれるようになった農協は1984年に全銀システムに加盟しており，最近はそのATMネットワークを営業上の強みとしています。

2−2　電子マネー

電子マネーにはデビットカードとよばれるオンライン方式とオフライン方式のものがあります。

デビットカードとは消費者が買い物をする際，カードで商品代金を支

払うことが出来るカードです。この制度では銀行のオンラインの決済システムを活用してカードで買い物が出来，現金を持ち歩くリスクを軽減できる一方，加盟店ではつり銭等の現金準備を削減できます。わが国ではデビットカードの普及は進んでいませんが，先進国ではデビットカードが発達し，クレジットカードとデビットカードでほとんどの日常的な買い物代金の支払いが済むと言われています。

　オフライン方式の電子マネーとは，プリペイドカードと呼ばれる金銭的価値をICカードや携帯電話に電子的に蓄積し，それを用いて決済を行う小口決済用の決済手段です。オフライン方式の電子マネーの普及の契機となったのは公共交通機関における電子マネーの普及です。これを用いることにより改札手続きが簡単になったことから普及しましたが，この機能を商品の決済に用いることの出来る店舗が増えたことから普及が進んでいます。電子マネーの決済額は2013年度に3.2兆円に達しています。

　こうした中，2009年6月に資金決済法が成立し，為替業務は銀行等の金融機関だけでなく一般の事業者にも100万円を上限として認められることになり，電子マネーについても利用者保護が図られています。この資金決済法の施行により，従来，銀行等に独占されていた為替業務に競争原理が働き，利用者の利便の向上が起こることが期待されています。

第6章　証券業務

1　銀行の証券業務の歴史

戦後のわが国の銀行の証券業務は，銀行による証券業務の兼営禁止を基本とする証券取引法の下で行われてきました。証券取引法は金融商品取引法に 2006 年に改正，2007 年に施行されましたが，証券取引法は米国のグラス・スティーガル法の理念を取り込んだものでした。

米国では 1929 年の株式の大暴落から始まった不況の中で，銀行の信頼性を確保するために銀行の証券業務を禁止することがグラス・スティーガル法の基本となっていました。第二次世界大戦前のわが国の銀行では銀行に証券取引は許されていましたが，戦後，米国の考え方を取り入れ，銀行の証券取引を禁止することとしました。ただ，投資目的の株式を保有することは認められていたため，米国と異なり，わが国の銀行は企業との株式持合いを行うといった行動が出来ました。

しかし，1975 年以降の国債の大量発行を円滑に消化する問題を取り扱うに当たって銀行業界から国債保有のリスク軽減の要望が強く出されました。当時，国債は主に金融機関へのいわゆる割当消化が行われており，また，その売却には制限がありました。このため市中の金利が上昇すると金融機関の保有する国債について多額の評価損が発生し，その経営を圧迫することとなりました。

例えば，1978 年から 1979 年にかけて発行された表面利率が 6.1％のいわゆるロクイチ国債と呼ばれた国債が金利の上昇により価格が暴落したことがあり，金融機関の国債の評価法は原価法と低価法の選択制となるような状況となりました。そこで，1983 年から国債の募集の取扱，つまり，国債の窓口販売が許され，1984 年には公共債ディーリング業

務の解禁が行われました。

また，1970年代から銀行は海外において証券子会社を設立し，証券業務を展開していました。これは大企業が国内での厳しい社債の起債制限を避けて海外で債券発行を行ったため，この状況に対応するためでした。この頃から証券業務は銀行の国際業務においてもその主要な分野となってゆきました。

1998年12月に金融システム改革法が施行されると，銀行による投資信託の窓口販売が認められました。この投資信託の販売において銀行は大きな力を発揮し，現在では投資信託の販売シェアは証券会社と同じ程度となっています。また，金融持株会社は銀行と証券会社をグループ会社として保有出来ることになり，前に述べた通り，銀行の属するグループ全体で見れば銀証分離の考え方はなくなっています。なお，この銀証分離の原則を規定していたのが先述の旧証券取引法第65条でした。

2　銀行自身の証券業務とグループ証券会社の業務
2－1　現在の銀行自身による証券業務

金融商品取引法では，証券業について同法33条第1項で銀行の証券業務を原則として禁止しています。一方，同法第33条の2では，一定の業務について銀行が内閣総理大臣の登録等を受けることによって営むことができるとされています。このことから証券業務を営む銀行は一般に登録金融機関と呼ばれています。

ここで言う一定の業務とは銀行法第11条に定める業務であり，公共債の自己売買によるディーリング業務，国債先物取引等のブローキング業務，投資信託の窓口販売業務の他，銀行法第10条第2項の付随業務として行う有価証券の私募の取扱いや有価証券関連デリバティブ等があります。また，2004年12月からは証券仲介業務も行われるようになりました。

銀行の証券業務としてかつて重要であったものは社債の受託業務で

す。社債を発行する場合は投資家のために受託会社を置く必要があり，永らく銀行がこの社債の受託業務を行うことによって企業の社債の起債に関与してきました。しかし，1994年に社債の受託会社のない方式の起債が認められるようになり，銀行の社債起債への関与の重要性は逓減しゆき，現在では公募社債での銀行自身の影響力はなくなったと言えます。

　そのため，現在では，従来より認められている企業の株式への投資業務が銀行の証券業務としては重要となっていました。しかし，これについても銀行が株式を多額に保有すると株価変動のリスクを大きく受けることから保有に制限がかけられ，2002年1月に施行された銀行等株式保有制限法は銀行の株式保有の額を自己資本の額以下に制限することを定めています。

　また，2011年3月期決算より上場企業の連結決算において，株式の投資損益を反映する包括利益の表示が義務化されたことから銀行と企業の株式持合いは減少傾向にあります。そして，2015年6月にコーポレートガバナンス・コードが策定され，銀行はこれを受けて合理性のない株式持合いは原則として行わない方針を取っています。

2－2　銀行グループの証券会社による証券業務

　銀行は，かつては証券業務への参入が制限され，国内において子会社としても証券会社を保有することが出来ませんでしたが，1993年4月に施行された金融制度改革法によって銀行は証券子会社を設立することが可能となりました。そこで，多くの大手銀行が証券子会社を設立しました。

　そして，1998年に金融持株会社の設立が解禁され，銀行は金融持株会社を設立し，その傘下に証券子会社を持つことで銀行グループとして証券業務を営むことが可能となりました。銀行の証券子会社と銀行持株会社の証券子会社は，銀行法上，証券専門会社と呼ばれ，証券業務のほ

ぼ全般を扱うことができます。

しかし,証券会社と銀行は利益相反を起こすこともあり,こうした弊害への手当てもなされています。こうした弊害防止措置として,銀行法で「アームズ・レングス・ルール」が規定されています。これは,誰に対しても同じ手の長さの距離をおくという意味で,例えば,銀行がその証券子会社と取引を行う場合に証券会社が親会社である銀行に対して特別な取り扱いを行うことを禁じていることなどです。

また,金融商品取引法では「ファイアーウォール規制」が定められ,銀行と証券会社間の自由な人事交流や情報交換,共同訪問には制限がかけられています。しかし,多様で質の高い金融サービスを提供する観点から,2008年6月の金商法改正で証券会社・銀行・保険会社の役職員の兼職規制が撤廃され,また,非公開の顧客情報に係る接受制限の見直しが行われ,そして,利益相反管理体制の構築が規定され,この規制は一部緩和されています。

3 証券投資業務と窓販業務
3-1 証券投資業務

銀行は預金等で調達した資金を国債,社債,そして株式などの有価証券に投資を行い運用収益を得ており,貸出と並ぶ重要な収益源となっています。しかし,債券は一般に長期のものが多く,短期の預金を元手にこうした長期の債券に投資を行うには,その価格変動に注意する必要があります。また,近年ではデリバティブを組み入れた債券が多く発行されており,これへの投資に失敗したり,サブプライムローン等の資産証券化商品への投資に失敗する金融機関もあり,有価証券投資のリスク管理の充実が課題となっています。

1990年代から続く国債の大量発行を受け,また,デフレと経済成長率の低下で貸出の需要も低下した結果,国債への投資が増しており,国内銀行の有価証券投資の残高は250兆円であり,そのうち国債は127

兆円となっています（2014年12月時点）。

　第二次世界大戦前の銀行の証券投資は盛んであり，全資産の約25%程度が有価証券に投資されていました。しかし，戦後から高度成長期にかけては企業の資金需要が旺盛であったことから銀行は貸出を優先して有価証券への投資割合は低下してゆきました。その後，高度経済成長時代の終焉と共に企業の資金需要の伸びは鈍化してゆき，また，企業が社債，株式によって資金を調達するようになったことから現在では戦前と同様の総資産の25%程度が有価証券投資に向けられています。

　銀行の有価証券投資においては企業の社債への投資が約1割となっています。企業への貸出が伸びない銀行は国債への投資を増加させており，2013年に日本銀行のインフレ目標が導入されてからは投資を圧縮していますが，その残高は前に述べた通り127兆円となっており（2014年12月末時点），依然として住宅ローンによる個人向け貸出と並ぶ重要な運用資産となっています。

　しかし，現在のような低金利の時代に長期の国債に投資を行うことは金利上昇時の価格下落のリスクが非常に高いと言えます。そのためメガバンクはそのデュレーション・コントロール，すなわち残存期間の管理に細心の注意を払っています。一般に地域銀行は残存期間の長い国債を保有していると言われ，その金利リスクへの対応が課題となっています。

　この国債への投資は後述する自己資本比率規制への対応ともなっています。国債は自己資本比率規制においては，そのリスク・ウエイトがゼロに評価されているために自己資本比率を下げることがありません。そのため投資対象としては魅力があります。しかし，この自己資本比率規制での自国国債のリスク・ウエイトについては見直される可能性もあると言われています。

図表6．国内銀行の貸出・有価証券投資の推移

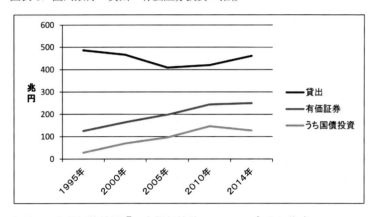

出所：日本銀行統計局『日本銀行統計　２０１５』より作成。

　銀行は株式についても多くの投資をおこなっています。前に述べた通り，株式への投資は銀行の投資対象としては原則として適切ではないとされていましたが，預金，貸出取引の関係を考慮した株式持合いなどから，減少したとは言え，現在でも国内銀行ベースで 21 兆円（2014 年 12 月末時点）とかなりの株式を保有しています。こうした株式持合いにより企業との関係を密接なものとして，総合的な取引採算を改善することが目指されていました。具体的には預金，貸出取引以外に為替取引，外国為替取引，従業員取引などを取りこむことでした。

　しかし，金融機関は独占禁止法によって 5%以上の発行済株式を一企業について保有することは禁止されています。メガバンクが合併によって誕生する時にこの5%ルールを超える状態が多く発生して銀行が保有する企業の株式は減少しました。また，前に述べた株式保有制限法が 2002 年 1 月に施行されたことで，こうした株式持合いなどの投資は抑制されていました。

　この株式持合いの仕組みは，貸出取引，役員派遣と相まって銀行を企

業のメインバンクとすることに貢献していました。そして，メインバンクは大規模債権者であり，同時に大規模株主であることを背景にして，借入企業の経営をチェックするガバナンス機能を発揮してきました。

しかし，1970年代以降の大企業を中心とした企業の銀行離れによってメインバンク機能は低下しています。こうした銀行による企業のガバナンスの低下は1980年代後半のバブル経済時代における企業の財テクや過剰投資などの問題ある経営を監視できなかった一因と言われています。この企業のガバナンスに新たな方向を示したのが前に述べた2015年6月に策定されたコーポレートガバナンス・コードであり，銀行の株式持合いによる株式投資は合理的理由がない限り否定されることとなりました。また，会社法の改正も2015年に行われ，上場企業を中心に企業のガバナンスは新しい時代を迎えています。

3－2　窓口販売業務

銀行では窓口において，前に述べた通り，個人向けの公共債や投資信託が販売されており，これを略して窓販と呼びます。なお，窓販とは銀行窓口で銀行以外の金融機関が取り扱う商品を販売することを言い，現在では保険商品の販売も窓販の主要商品となっています。

投資信託については，1998年12月から銀行にその販売が解禁されました。欧米においては投資信託の販売は銀行経由のものが多くありました。特にユニバーサル・バンク制度によって銀行業務と証券業務が兼営されていた欧州では証券業務の一環として販売が行われていました。しかし，前に述べた通り，1998年に市場型間接金融商品としての投資信託の販売により証券市場に新たな投資家を招きいれること，また，国民に金融資産運用の選択肢を多く提供するために国民と多くの接点を持つ銀行等にその販売が許されました。

銀行の国債窓版は1983年4月の長期利付国債から始まり，現在では，地方債，政府保証債等も取り扱っています。

国債については，2003年3月から変動金利型の10年物の個人向け国債が発行されました。これは少額でも多くの人々に国債への投資が出来るようにという考え方からであり，変動金利型としたのは，将来の金利上昇リスクを考慮してのことです。2006年1月からは期間5年の固定金利型，2010年7月からは期間3年の固定金利型が発行されています。いずれも途中換金した場合，通常の国債と異なりデメリットが少なくなるよう配慮され，リスクを取りにくい個人向けの商品となっていることから個人が保有する国債の大半は個人向け国債となっています。

　また，2007年10月から新型窓口販売も始められました。新窓販国債は，期間が2年，5年，10年の固定金利型で毎月募集・発行されています。個人向け国債は，募集が年4回に限られるために購入しにくいという声もあり，新窓販国債は，毎月，募集・発行されるために購入の機会が格段に広がりました。個人の国債保有率は2％程度であり，こうした措置はこれを上昇させるための政府の施策と言えます。

　なお，前に述べた通り，2004年12月から銀行に証券仲介業が認められました。これにより銀行の窓口においてグループ証券会社や親密証券会社の商品，例えば外債などを仲介という形と取り扱うことが可能となりました。

　保険については，前に述べた通り，2007年12月から全ての保険商品が販売出来るようになり，投資信託と共に銀行の個人取引の柱の一つとなっています。この保険商品の中には変額年金保険があり，その内容は投資信託が保険の衣を着たものと言われています。しかし，近年では定額年金保険の販売が好調となっています。これは高齢化社会の到来により，個人が老後の年金不安を解消するために購入しているからです。

4　各種の証券業務
4－1　ディーリング業務とブローキング業務

　証券業務は，①有価証券の委託売買を行うブローカー業務，②有価証

券の自己売買を行うディーリング業務,③有価証券の引き受けを行うアンダーライター業務,④有価証券を投資家に売り出すセリング業務の4つに分類されます。

セリング業務については公共債について銀行で行われていることは前に述べた通りであり,一方,引受業務については銀行にはその取扱が禁止されています。

銀行のディーリング業務は,前に述べた通り,1984年6月から公共債を対象に開始されました。その後,金融商品取引法第33条2項に規定されたように,短期社債,資産担保証券等に対象が拡大されています。

このディーリング業務については,ポートフォリオ部門との区分のために特定取引勘定を用います。

ブローキング業務は,1989年6月から東京証券取引所上場の国債先物取引を対象に開始され,その後,外国証券取引所上場の外国国債証券先物取引等に対象が広げられています。

ディーリング業務やブローキング業務は銀行に対して売買益,取次手数料といった収益機会の拡大をもたらし,そこから得たノウハウによって銀行の資産運用の技術全体を高めています。しかし,最近ではこうした業務をグループ内の証券会社に移している銀行もあり,公共債売買における銀行の取引高の割合は低下傾向にあります。

4-2 社債管理業務と受託業務

社債管理業務とは,社債の利払い・償還等が円滑に行われるように投資家である社債権者のために,弁済の受領,債権の保全等の社債の管理を行うことです。

銀行は社債管理者としてこの役割を果たしています。社債の発行については,原則として社債管理者の設置が義務づけられています。社債管理者の役割は,多数となる社債権者のために弁済を受け,また,債権を保全するために裁判上,裁判外の行為を行うことです。その他,財務上

の特約，つまり担保提供制限等の遵守状況の点検や発行会社の業務・財産の状況の調査等もその役割となっています。

なお，会社法では，各社債の金額が1億円以上で一定の条件を満たせば社債管理者を設置しないで起債することも認められています。そのため，社債管理者の代わりに財務代理人を置いた社債，通称 FA 債を発行する場合も多く，現在では社債管理者を置かない債券の方が多くなっています。これはこうした社債は個人向け社債と異なり，機関投資家が保有するので，機関投資家は自らの権利を守るために行動する能力を備えている場合が多いと考えられるためと言われています。

社債は，戦前は無担保社債の債務不履行が多かったことから担保付きが原則とされていました。この担保付き社債については，担保附社債信託法によって銀行等の受託会社の設置を義務づけています。受託会社は，社債管理者と同等の権限を有しています。

戦後，社債についてはいわゆる起債調整が行われ，その発行に事実上の制限が課されていました。しかし，前に述べた通り，1970 年代半ば以降，厳しい起債規制を回避して海外で起債する企業が増加し，国内起債市場の空洞化が進みました。ここから1986 年に無担保社債の適債基準の緩和が行われるなどの自由化が進み，1996 年 1 月，適債基準の撤廃が行われ，社債発行自由の原則が確立したという歴史的な経緯があります。銀行の役割も担保付社債が多かった受託会社の時代から，今では無担保社債の社債管理者へと変わっています。しかし，社債管理者を置かない社債が多くなっていることは前に述べた通りであり，銀行が社債の発行に関与する機会は減少しています。

なお，私募債の起債においては，銀行は公募社債を発行出来ない中小・中堅企業に対して銀行保証をつけ，そしてその債券を買い受けるという関わり方を行っており，重要な役割を果たしています。

4－3　銀行の証券代理業務

　銀行の行う証券代理業務とは，株式払込取扱銀行としての業務があります。これは会社の設立時，または増資時に，株式申込人から資金を受け入れ，払込日まで保管し，必要に応じて保管金に対する証明書の発行等を行う業務です。なお，発起人が株式の資金を払い込む発起設立では保管証明は不要となっています。

　この他，株主に対する配当金を会社に代わって支払う株式配当金支払い，国債以外の公社債の元利金支払いなどの業務があります。

第7章　国際業務

1　国際業務の概要と海外拠点展開
1－1　国際業務の概要

　銀行の国際業務とは，歴史的には外国為替業務，すなわち，海外の企業と国内の企業との決済業務を指していましたが，現在では海外に支店，現地法人を広く展開し，貸出業務，証券業務，信託業務，企業の海外進出支援等の様々な業務全体を指します。国際金融とは通貨と国境を超える金融取引，すなわちクロス・カレンシー取引とクロス・ボーダー取引を言いますが，現代の銀行の国際業務はこうした様々な国際金融取引全般に関わるものとなっています。

　わが国の企業が海外と貿易取引を行う際，その決済業務と貿易信用を取り扱うことで発達してきた国際業務は，わが国の貿易取引の発展と共に拡大してきました。そして，わが国の企業が海外への進出を行うようになると銀行も海外拠点の拡大を進め，1980年代には海外でのいわゆるオーバー・プレゼンスが言われるまでになり，1990年代前半までには世界の多くの地域に支店，現地法人，駐在員事務所を配置するようになりました。

　しかし，1990年代の不良債権問題を原因としてわが国の銀行経営が厳しい状況を迎えると海外の拠点の縮小が行われました。当時はわが国の銀行の信用が著しく低下し，海外での業務に支障を来すようになりました。具体的には短期の預金市場においてわが国の銀行が資金調達を行う場合，他国の銀行と比較して高い金利が要求される「ジャパン・プレミアム」と呼ばれる金利の上乗せ要求が起こり，また，資金調達そのものが出来ないということもあり，円資金を用いて外貨を調達することも

行われていました。

　しかし，2005年頃に不良債権問題に目途がつき，銀行の健全性が回復すると大手銀行は国際業務を再び拡大する方向に経営方針を転換して業容は回復し，国内銀行の海外支店の貸出金残高は67兆円となっています（2014年12月末時点）。また，地域銀行も地域の企業がアジア地域を中心に海外展開を目指すようになると，アジアに駐在員事務所を設置するようになりました。

1-2　海外拠点展開

　わが国の銀行の海外拠点展開は，わが国の企業の貿易取引，そして海外での現地生産等の企業の国際化につれて拡大してゆきました。1980年代は都市銀行以外の地方銀行など多くの邦銀が海外に拠点を展開してゆきました。

　当時は国際業務の利益が大きいかどうかが銀行を評価する場合のひとつの判断材料とされ，わが国の銀行の多くが国際業務を拡大しました。その業務とは主に欧米の主要銀行が組成するシンジケート・ローンへの参加や債券投資であり，海外における運用資産の積み上げを図りました。

　規制金利の下で預金集めを重視するわが国の銀行の資産規模は大きかったため，当時の世界の総資産でみた銀行のランキングの上位の大半をわが国の銀行が占める状態となりました。こうしたことは国際的銀行規制のいわゆるBIS規制，バーゼルⅠを導入する一つの要因にもなったと言われます。

　銀行の取引先企業の国際化の一つの要因は，1985年のプラザ合意によって始まった為替相場の大幅な円高ドル安です。これによって企業は生産拠点を海外に移転するようになりました。それ以前は，欧米との貿易摩擦からこうした国での現地生産を主としたものでしたが，円高により生産コストを引き下げる必要から中国，東南アジア各国を中心に低賃金の国々への生産拠点のシフトが進みました。これに対応してわが国の

銀行もアジアに多くの拠点を展開するようになりました。それまでのわが国の銀行の海外拠点は欧米の大都市中心でありましたが，大きく方向を転換したわけです。

　海外拠点での業務は伝統的な企業の貿易に伴う外国為替取引から，外貨で資金を調達し，外貨で貸出や債券投資を行う取引へとシフトしてゆきました。「国内ではリテール，海外ではホールセール」という言葉がわが国の銀行が海外拠点を拡大した1980年代ではよく用いられました。

　しかし，ホールセールと言うものの，その大半は欧米の大企業へのシンジケート・ローンや債券投資であり，国内の大企業取引のように個別・相対の大企業取引を行っていたわけではありませんでした。

　証券業務については国内で銀行は債券の受託業務等を除いて取り扱うことが出来なかったのですが，海外では証券現地法人を設立して日系企業の海外での社債の起債の引き受けなどを行いました。銀行としては，大企業の銀行離れが国内で起こる中，海外で大企業取引を維持するためには必要不可欠な証券業務でした。しかし，この銀行の活動には証券会社が強く抵抗したため，当時の大蔵省の銀行局，証券局，国際金融局による三局合意とよばれる行政指導が行われ，銀行の証券現地法人の債券の引き受け活動には制限がかけられていました。

　1990年代の不良債権問題を契機に地方銀行は海外から撤退し，都市銀行も国際業務を縮小しましたが，2000年代の銀行再編を経てメガバンクとなった大手銀行は再び海外拠点展開の充実を図っています。

　また，前に述べた通り，経済のグローバル化の下，アジアに進出する地域の企業へのサービスとして地域銀行でも中国等での駐在員事務所の展開を目指すところも出てきました。

　なお，一部の銀行はホールセール業務に加えて地元銀行を買収し，リテール業務への参入を図っています。

2 外為法と外国為替取引

2-1 外為法

　わが国は戦後,外国為替管理法によって内外の金融取引を原則として遮断して管理する体制を取ってきました。1949年に公布されたこの法律は,当時,わが国は戦後復興の最中であり,貿易取引,資金取引すべてを原則禁止とする非常に規制色が濃い法律でした。

　国内の金融行政が規制金利等の強い規制を行うためにもこうした強い対外取引規制は必要なことでした。もし,国内の金利を規制する措置を政府が取っても国内外の資金移動が自由であればそうした規制は意味がなくなります。従って外国為替取引の規制は国内の金融規制とセットとなっていたのです。

　しかし,わが国の経済は1970年代には高度経済成長時代を終え,国内の金融市場も資金余剰の状態となり,こうした規制の必要性も減少したことから1980年に大幅な改正が行われ,外国為替取引は原則自由とされました。その後,1998年4月に日本版金融ビッグバンの一環として大幅な改正がなされ,法律の名称も「外国為替及び外国貿易管理法」から「外国為替および外国貿易法」となり,「管理」の文言が削除され,「新外為法」と呼ばれました。

　1980年の改正では為銀主義と呼ばれる外国為替取引を外国為替公認銀行,通称,為銀に集中する制度が残されました。しかし,世界では国際金融取引の自由化が進み,わが国の金融市場の空洞化が言われだし,外為法の抜本改正の中,外国為替公認銀行の制度も1998年の改正で廃止されました。

　これによって外為業務への参入規制はなくなり,預金の受け入れを除いて銀行以外の企業の参入が可能となりました。つまり,国内での一般の商店等でも外貨による販売は可能であり,両替も営めるようになりました。しかし,実際にこれらの業務に参入する企業は現れておらず,現在でもこうした業務は銀行によって営まれています。

なお、前に述べたように2009年6月には資金決済法が成立し、銀行以外の企業も海外送金が取り扱えるようになっています。例えば、NTTドコモは、2011年7月から「ドコモマネートランスファー」という海外送金サービスを開始しています。

居住者間の外貨建取引が自由化され、居住者が海外の銀行に預金口座を開設し、その口座で対外決済を行うことも認められました。資本取引についても従来の事前許可や事前届出制はなくなり、原則として事後報告制となりました。デリバティブ取引を非居住者と行う場合も事後報告のみで良いこととなりました。

こうした規制緩和は銀行にとって当局手続きの大幅な緩和となり、事務負担の軽減に繋がっています。

2－2　外国為替取引

外国為替取引は、為替という意味では国内の為替取引と同様に、隔地者間の金銭債権の決済や資金の移動を言います。内国為替と異なる点は、その地域が国境越えること、つまりクロス・ボーダーであること、そして通貨が異なること、つまりクロス・カレンシーの取引であることが大きな特徴です。また、国内の為替取引の場合は日本銀行の当座預金において最終的な決済が行われますが、外国為替取引にはそうした中央銀行に相当する集中決済機構がない点が特色となります。

例えば送金為替の場合を考えてみると、送金為替の通貨が米ドルであれば、その決済は被仕向け銀行が米国の銀行に保有する米ドルの預金口座に仕向け銀行が資金を振り込むことで決済されます。通貨が円であれば、被仕向け銀行が日本の銀行に保有する預金口座に仕向け銀行が決済資金を振り込むことで決済がなされます。

為替手形の取立為替の場合は、仕向け銀行が被仕向け銀行に為替手形を送付し、支払人から受け取った資金を仕向け銀行が指定する銀行の口座に振り込むように指示し、その振込みが行われることで決済は終了し

ます。こうして仕向け銀行と被仕向け銀行の相対決済で行われます。ただ，例えばわが国における外為円決済システムのように中央銀行の決済システムを利用する場合もあります。

図表 7. 取立為替の仕組み

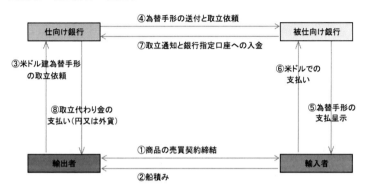

こうした相対決済を円滑に行うために銀行は海外の銀行とコルレス契約と呼ばれる外国為替取引に関する契約を締結しています。特に相手銀行に当該国の通貨の預金口座を開設する場合，この銀行をデポジトリー・バンクと呼びます。

この決済のデータの送信には，スイフト（SWIF : The Society for Word wide Interbank Financial Telecommunication S.C.）が多くの銀行で利用されており，世界の 210 カ国から 1 万以上の金融機関が参加しています。

外国為替取引の決済は，決済に用いられている通貨が発行されている銀行口座での決済となります。そのため，時差によるリスクが生じ，交換する一方の通貨が支払われても，もう一方の通貨が時差のために支払われない場合があります。その数時間の間に当該銀行が破綻する場合があるからです。この時差リスクをヘルシュタットリスクと呼びます。こ

れは1974年にドイツのヘルシュタット銀行が倒産した際に、このリスクが顕在化したことによります。

このリスクへの対応としてCLS銀行（Continuous Linked Settlement bank）が2002年9月から営業を開始しました。CLS銀行はニューヨークにあり、外国為替の売買取引にかかわる2つの通貨を同時に決済するCLS決済のために設立された専門銀行です。現在、世界の外国為替取引の7割以上がこれによって決済されていると言われます。

3　国際部門の収益構成

わが国の銀行の国際部門の収益は、資金運用収益、外国為替売買益、役務取引等収益、そして債券関係収益に分けられます。資金運用収益は資金差益とも呼ばれ、国際部門における預金と貸出金等の利息収支から得られる収益の他、スワップ取引に係る利息も含まれます。

外国為替売買益は、一般顧客との外国為替の売買益の他、銀行自身による為替ディーリング益が含まれます。また、債券関係収益には米国債などの外国債券の売買益が含まれています。

こうした為替ディーリング益、債券関係収益は、海外の金融事情によって大きく左右され、安定した収益とは言えない面があります。かつてのサブプライムローン問題の際、これに関連する債券を保有した銀行と早期に売却に踏み切った銀行との間で大きな収益格差が生じた例があります。

近年の大手銀行の国際部門益は全体の粗利益の約3割となっており、資金運用収益については国際部門は約2割を占めています。この国際部門益が大きいほど銀行業務が国際化している指標とされ、従来から各銀行は国際部門益の比率拡大を目指してきたことは前に述べた通りです。

しかし、その内容は取引内容としては高度な金融取引とは言えないシンジケート・ローンのローン資産の積み上げや債券投資による資産積み

上げが多かったのですが，現在ではシンジケート・ローンのアレンジャーをわが国の大手銀行が務め，そのシェアも拡大しています。今後は，デリバティブ業務など更に高度な金融技術を使用した金融サービスを展開することが求められています。

　また，地域的にはこれからの成長が見込まれるアジアでの業務基盤の拡大が重要な課題となっています。欧米の銀行と比較すれば，わが国の銀行の収益は手数料収入が得られる業務の規模が小さいことが指摘されています。いわゆる非金利収入の拡大，そして海外でのクレジットカード業務のようなリテール業務による利鞘の大きな貸出取引の拡大が求められると思われます。このため，メガバンクは，海外の銀行のM&Aに取り組んでいます。また，地域銀行は駐在員事務所を設置し，同時に現地の地場銀行との提携を進めています。

第8章 デリバティブと証券化

1 デリバティブ取引の概要

　デリバティブ取引とは,原資産の価格あるいは指標の数値等に依存して理論価格が決まる取引で派生商品と訳される取引であり,先物取引,オプション取引,スワップ取引,そして先渡取引に大別されます。

　先物取引とは先渡取引と類似していますが,先物取引では取引条件が標準化されており,取引所で定型的な取引が行われ,現物の受渡しを行うことは原則としてなく,反対売買による差金決済が行われます。

　オプション取引とは,あらかじめ定められた期日または期間内に,あらかじめ定められた価格で有価証券等を売買する選択権のことであり,その取引をオプション取引と言います。オプションの買い手は,オプション・プレミアムと呼ばれる対価を支払います。オプションの買い手はオプションを行使する権利はありますが義務はなく,逆にオプションの売り手はオプションの権利が行使された場合,その取引に応ずる義務を負います。

　スワップとは交換するという意味で,現在価値の等しい将来のキャッシュフローを交換する契約をスワップ取引と言います。スワップ取引としては,通貨スワップや金利スワップなどがあります。通貨スワップは異なる通貨建てのキャッシュフローを交換する取引であり,金利スワップは固定金利と変動金利といった異種の金利を交換する取引を言います。

　先渡取引とは,あらかじめ定めた将来の時点において,あらかじめ定めた価格です商品を受け渡す売買取引を言います。

　このデリバティブが果たす機能としては,リスク・コントロール機能,

および価格発見機能があります。デリバティブ市場は価格形成において原資産の市場を先導すると考えられており，現物の流通市場における価格発見機能を向上させます。さらに，デリバティブには流動性向上機能があり，デリバティブ市場の発達により原資産市場の取引を拡大し，流動性を高めています。

デリバティブには新しい商品が登場しており，最近では特定資産のデフォルトに備える保険機能を持つクレジット・デフォルト・スワップ(CDS)や，気象観測数値等を参照指標とする天候デリバティブ取引も増えています。

デリバティブ取引には，前に述べた取引所取引と店頭（OTC：オーバー・ザ・カウンター）取引がありますが，2008年の金融危機において店頭取引の未決済問題が起きたことから店頭デリバティブの決済は清算機関への清算集中義務により，原則として移行されています。また，2016年9月からは清算集中されない取引について証拠金規制が始まる予定です。

これらのデリバティブ取引は，多様なリスクの抽出，移転，加工を可能とし，伝統的な個々の金融市場の関係を緊密にし，それらの金融商品を扱う金融業者である銀行，保険，証券，信託などの区分自体を曖昧化しました。そしてこれらの業種間格差を縮小させ，全体として金融サービス業へと統合させる役割を果たしています。

2　各種のデリバティブ取引

2-1　金融先物取引

金融先物取引では標準物と呼ばれる架空の金融商品が不特定多数の市場参加者の間で取引所において取引され，毎日，先物価格の変動に応じて，建玉（たてぎょく）と呼ばれる未決済取引残高の評価損益を計算します。これを値洗いと呼び，それにより証拠金の額を変動させます。これにより決済日の債務不履行リスクを小さくし，取引参加者の信用リ

スクを軽減しています。

　金融先物取引の主な利用形態には，ヘッジ取引，裁定取引，投機的取引があります。ヘッジ取引とは，現在保有する資産，負債とリスクが反対方向のポジションを先物市場で保有し，将来の現物市場における損失を先物市場で得られる利益で相殺することを目指す取引です。

　裁定取引とは，現物市場と先物市場の価格の乖離を利用し，割安の方を買い，割高の方を売る売買取引を行いリスクなく利益を得ることを目指す取引です。しかし，そうした機会は多くの参加者の売買によって極めて短時間に消失すると言われます。こうした取引を行う参加者をアービトラージャーと呼びます。

　投機的取引とは，将来の価格変化の予想に基づいて先物のポジションを持つことにより予想が当たれば大きな利益を得るのですが，予想が外れれば損失を被るリスクを引き受けて行う取引です。こうした参加者をスペキュレーターと呼びます。

　日本で最初の金融先物の取引所取引としては，1985年10月に東京証券取引所において開設された債券先物市場があります。わが国では通貨，金利および金融指標の先物取引を金融先物取引，株式，債券および株価指標等の先物取引を証券先物取引として分類してきましたが，2007年9月に証券取引法を改正して施行された金融商品取引法では，金融先物に係る金融先物取引法を廃止し，金融商品取引法に法的規制を一本化して幅広い先物取引の取り扱いを可能としました。

2−2　オプション取引

　オプションにはコール・オプションとプット・オプションがあります。コール・オプションは，将来の特定期日ないし期間に原資産をあらかじめ約定した価格，行使価格で購入する権利であり，逆に売却する権利がプット・オプションです。また，期間内であればいつでも権利行使できるオプションをアメリカン・タイプ，満期日のみに権利行使できるオプ

ションをヨーロピアン・タイプと言います。

通貨オプションについて見れば，例えば，将来，円高になると損を被る輸出業者が，円高になると利益が生じる通貨オプションを購入し，円高になった場合，その通貨オプションの利益で本業の輸出取引の損失をカバーするといった利用方法があります。こうしたリスクヘッジのための利用方法をプロテクティブ・プットと呼び，わが国では1983年4月の店頭市場取引における通貨オプションがオプション取引の最初でした。

銀行取引の中では，通貨オプションと外貨預金，インパクトローンを組み合わせた商品が多く開発されて国際業務の中で用いられています。一部の銀行は企業に対して通貨オプションの内，オプションを企業が銀行に対して売る取引を含むゼロコスト・オプションと呼ばれる仕組みの商品を勧誘し，リーマン・ショックによる金融危機の後に発生した大幅な円高で巨額の損失を被る企業が続発し，大きな問題となりました。こうした問題は，銀行協会が運営する金融ADR機関で処理されていますが，日本銀行の量的・質的金融緩和により起こった円安で結果的に問題が小さくなりました。しかし，企業は過度に為替デリバティブ商品を警戒するようになったと言われています。

ADR（Alternative Dispute Resolution） とは，身の回りに起きる様々なトラブルについて，裁判を起こすのではなく，第三者に関わってもらいながら解決を図る裁判外紛争解決手続きのことを言います。

通貨オプションの売り取引は損失が無限大になる取引であり，十分なリスク管理が必要とされます。にもかかわらず銀行がこうしたオプション商品を多く手がけた理由は，その仕組みが顧客にわかりにくく，一方で多くの収益を銀行が得ること可能である点が一つの要因と思われ，今後の金融デリバティブ取引の普及に課題を残すこととなりました。

2−3　スワップ取引

スワップ取引の種類には主に通貨スワップと金利スワップがありま

すが，通貨スワップの場合，取引開始の時点で元本の交換が行われるのに対し，金利スワップの場合は元本の交換はなく，将来の利息のみが交換され，元本に相当する部分は想定元本と呼ばれます。

スワップ取引はその契約相手が将来のキャッシュフローの交換について債務不履行に陥らないかという信用リスク，すなわち，カウンターパーティー・リスクを管理する必要があります。

通貨スワップを用いると為替リスクを回避した外債発行が可能となります。わが国では社債の起債が厳しく制限されていた時代に海外での起債が盛んになりました。1984年6月に一般事業法人に対して通貨スワップ付外債の発行が認められ，こうした起債が多く行われました。

例えば，円建て外債であるサムライ債も海外の発行体は，円で資金を用いるのではなく主として米ドルに交換して用いています。

金利スワップのうち，固定金利と変動金利の交換は基本的な取引でありプレーン・バニラと呼ばれます。その仕組みは，短期金融市場と資本市場における信用リスク・プレミアムの差を活用したものです。

例えば，A社とB社がこの金利スワップを用いれば，両社の長期固定金利調達の差から短期変動金利の差を引いた値が2社によるスワップを利用した総利益，つまり，金利の節約効果が得られることになります。

実際の金利スワップ市場では，LIBOR, TIBORに対する長期の固定金利が市場で提示されており，特別の2社が金利スワップを締結することはなく，スワップハウスと呼ばれるデリバティブ専門の金融機関がスワップ取引に応じています。具体的な利用例としては，銀行から変動金利で借入れをしている企業が将来の金利上昇リスクをヘッジする目的で，「変動金利受取り，固定金利支払い」という金利スワップを契約します。これによってこの企業は変動金利の支払利息を実質的に固定金利の支払利息に交換することが出来，今後支払う金利が固定化されて将来の金利上昇による「借入コストの上昇リスク」をヘッジすることが出来ます。

図表8-1. 金利スワップの仕組み

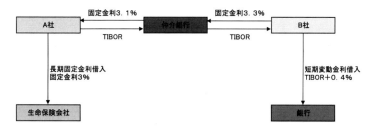

スワップ取引の新しい取引としては前に述べたクレジット・デフォルト・スワップ (CDS) があります。これは参照企業と呼ばれる対象となる企業についてデフォルトが発生した場合、その損失相当額を受け取る権利であるプロテクションをプレミアムの支払いと交換する取引です。

このクレジット・デフォルト・スワップは、金融機関が取引先との関係をそのままとして信用リスクの移転・管理を行うことを可能としますが、サブプライムローン問題を契機とする金融危機において、多額のCDS取引を行っていた米国の金融機関が破綻して注目を浴びました。現在ではCDSの保証料率が国債や社債のリスクを表す指標として格付と並んで重要視されています。

3　デリバティブ取引のリスク管理

デリバティブ取引はレバリッジ効果によって過大なリスクを負担することもあり、デリバティブ取引の発展は金融機関のリスク管理への認識を新たなものとしました。1997年7月にはバーゼル銀行監督委員会が金融派生商品のリスクに関するガイドラインを公表しました。また、わが国でも1995年4月に日本銀行がデリバティブ取引に関するリスク管理チェックリストを公表し、1996年6月に大蔵省（現金融庁）が市

場関連リスク管理のためのチェックリストを公表しています。

リスクの種類としては,取引相手が期日の取引を履行できなくなる信用リスク,金利や為替等の市場価格の変動によって被るマーケット・リスク,取引の相手がなくなる流動性リスクなどがあります。バーゼル銀行監督委員会では,マーケット・リスクを各銀行が客観的な手法,例えば,バリュー・アット・リスクなどにより計測し,これに対応した自己資本の備えを求めて,1996年1月に自己資本比率規制を改訂し,わが国では1997年度末から実施されました。

このバリュー・アット・リスクとは,統計と確率の考え方を用いて,過去の価格変動率を基に一定期間の将来において価格変動の可能性の予測を行い,その予測される損失を「期待損失」と捉えて,マーケット・リスクを数量化する手法です。

この他,ロス・カット・ルールなどのリスク限度額の設定,リスク管理部門の設置,専門的な知識を持った人材による管理・監督体制などによりリスク管理体制を整備しています。

なお,前に述べたクレジット・デフォルト・スワップを信用リスクの移転に用いる方法も取られています。

これらのリスク管理によって銀行はデリバティブ取引の損益を時価評価していますが,従来,会計処理面では決済時点まで損益が表面化しないという問題がありました。そこで,1996年の銀行法改正で1997年4月からデリバティブ取引を含む銀行のトレーディング勘定に時価会計が導入されました。

また,1998年に改正された銀行法で,時価,評価損益等の開示が義務付けられましたが,デリバティブ取引を大量に行っている大手銀行はこれ以上の開示を行っています。これは,国際的にバーゼル銀行監督委員会から1995年にデリバティブ取引に関する情報開示についての提言が行われ,1999年10月には更に内部のリスク管理と情報開示を結び付けるという新たな提言がなされたことから,国際的に活動する大手銀行

がそれに従った結果です。

4 証券化の概要

証券化とは，広義には相対型間接金融から市場型間接金融へのシフトを意味し，狭義には住宅ローン債権の証券化のような資産の流動化を指します。

証券化によりリスク評価機能の転売，流通が可能となり，間接金融である銀行からの借入による資金調達を直接金融である証券発行に近づけ，また，その発行された証券のリスクと満期日を様々に加工できます。

証券化は1970年代に米国で住宅ローン債権の証券化であるMBS（mortgage backed security:モーゲージ担保証券）から発展しましたが，証券化の一般的な仕組みは媒介体であるSPV（special purpose vehicle：特別目的会社）がオリジネーターと呼ばれる資産組成者から譲渡された資産を裏付けとして証券を発行することによります。

例えば，銀行による貸出債権の証券化とは，銀行がオリジネーターとなり，資産組成機能（オリジネーション機能）に特化して証券化の対象となる資産を提供することになります。

貸出債権は，通常，多数の同様の内容の債権で構成されており，いわゆるプーリング（pooling）が行われ，個々の貸出債権の個別リスクを分散することによりリスク・コントロールができます。このプールされた債権はSPVに保有され，SPVがこれを裏付けとして，コマーシャル・ペーパー，優先債，そして劣後債などの証券を発行します。

この優先債と劣後債というように原資産を様々なリスクの段階に区分して優先劣後構造を作り出せることが証券化の一つの特徴となっています。

発行される様々な債券等は格付機関によって格付が行われますが，この格付を向上させるために信用保証などの信用補完，および前に述べた優先劣後構造によるリスクの調整が行われます。

図表 8-2. 貸出債権の証券化の仕組み

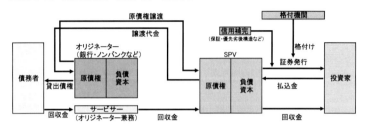

　優先劣後構造とは，担保とする資産のキャッシュフローの支払いに優先順位をつけ，劣後部分を犠牲にして優先部分の信用力を引き上げる手法で，様々な格付の証券を作成できます。しかし，サブプライムローン問題では格付機関の格付の判断が安易なものであり，その格付を信頼した投資家が大きな損失を被りました。例えば，格付機関がプールされたサブプライムローンの貸出債権が不払いとなる確率を計算時に用いたデータに問題があったなどと言われています。わが国でもこうした問題から格付機関は，2010年から金融商品取引法により信用格付業者と呼ばれて誠実義務，情報開示等についての規制が行われています。

　とは言え，証券化によって投資期間，リスクの程度など投資家の要望に合うキャッシュフローとリスクを有する様々な証券を作り出すことができます。投資家は自らの要望に適合する債券を購入することにより，資産保有機能，資産運用機能を発揮することになります。

　元々の貸出債権の管理は，これを専門に行うサービサーが行いますがが，通常はオリジネーターが兼務します。発行された証券は，オリジネーターの倒産リスクからの隔離，いわゆる真正売買による倒産隔離がなされており，貸出債権自体の信用力が証券化によって発行された各種の証券のベースとなっています。

　証券化の仕組みは，現在では複雑になり，前に述べた MBS をさらに証券化することが行われ，MBS を第一次証券化と呼び，それを再び証

券化する資産担保証券（CDO: collateralized debt obligation）は，第二次証券化と呼ばれます。サブプライムローン問題では最初に証券化された貸出債権のリスクが広範に広がり，多くの投資家が影響を受けることとなりました。こうして証券化のマイナス面が課題となりましたが，証券化の仕組み自体は金融取引の手法として有益なものです。資産の保有者には証券化対象資産の資金調達力を活用でき，投資家にとっては投資対象が増えることになります。

サブプライムローン問題について見ると，複雑な証券化によってリスクの大きさや所在が不明確になっており，そのため，サブプライムローンの焦げ付きが生じると市場関係者が疑心暗鬼の状態に陥り，正常な債券の価格までが下落しました。銀行は自分自身の証券投資だけでなく，機関投資家への貸出も不良債権化しました。

また，保険会社も前に述べたクレジット・デフォルト・スワップの売りに回っていたためにこうした証券化商品の損失補填を迫られることとなりました。こうしたことが世界の金融機関の間で起こり，各国の金融機関の株価の下落が下落して世界的な金融危機へと発展しました。そこから実物経済への波及し，リーマン・ショックを境に急激な世界景気の後退が起こりました。

これは証券化自体の問題ではなく，グローバル化した金融資本主義の暴走と言われますが，証券化によってもリスクの総量が変化するわけではなく，リスクの形を変え，投資家が保有しやすいように債権の内容を変えてゆくだけです。従って，リスクの把握は証券化取引においても必要不可欠であり，証券化資産の取引もリスクの取引という性質を持つ金融取引の一つであることを認識すべきでしょう。

5　わが国の証券化
5－1　住宅ローン等の証券化

わが国の住宅ローン債権の証券化については，1988年に住宅ローン

債権信託の取り扱いも開始されましたが，2003年10月から住宅金融支援機構（旧住宅金融公庫）の証券化支援業務が開始されたことが本格的な始まりと言えるでしょう。

これは民間金融機関の長期・固定金利住宅ローンを住宅金融支援機構が買い取り，自己のローン債権と合わせて信託銀行に債権信託を行い，それを担保として住宅ローン債権担保証券を投資家に販売するものです。金融商品名としては「フラット35」と呼ばれています。なお，長期優良住宅の認定を受けた住宅には「フラット50」という商品もあります。

また，民間金融機関が発行する住宅ローン債権担保証券に住宅金融支援機構が支払保証を行うことも開始されています。旧住宅金融公庫の一般住宅融資では住宅価格の80％だった融資枠が拡大し，建設費・購入価格の100％まで融資可能となっており，多様な返済方法を可能にしています。

一般の貸出債権については，1995年6月にローン・パーティシペーションの取り扱いが認められました。これは貸出債権の権利・義務関係は移転させず，原債権者から元利金を受け取る権利を市場型取引ではなく相対型取引で投資家に売却するローン・セールの一種です。しかし，この方式は原債権者である銀行の倒産リスクを含んでいることから，今では先述のシンジケート・ローンが優れた手法として多く用いられています。

5－2 SPC法等

1998年9月に「特定目的会社による特定資産の流動化に関する法律」が施行されました。これは2000年11月に「資産の流動化に関する法律」，いわゆるSPC法となったもので，不動産や指名金銭債権，信託受益権を流動化するためのツールとしての特定目的会社（TMK）の制度を導入したものです。

また，1998年10月には，「債権譲渡の対抗要件に関する民法の特例等に関する法律」が施行され，これは2005年に「動産債権譲渡特例法」に改正されました。これによって民法の指名債権譲渡の原則である債権者から債務者への確定日付のある通知がなくとも登記によって対抗要件を備えることが出来ることとなり，債権の流動化を円滑にしました。つまり，原債権者からSPCへの債権譲渡が容易になったのです。

　そして，1999年2月にはサービサー法が施行されました。この法律の趣旨は不良債権の回収を弁護士以外にも可能とすることでしたが，通常の債権の回収も行うことが出来ることから，証券化スキームの組成が容易になりました。

　こうして貸出債権の証券化の環境整備は進んでおり，より一層の証券化の動きが起こることが期待されています。

　なお，不動産の流動化についてはTMKの方式によらず，合同会社（GK）と匿名組合(TK)を用いたGK-TKスキームと呼ばれる仕組みが多く用いられています。匿名組合とは，当事者の一方が相手方の営業の為に出資を行い，その営業により生じる利益を配分すべきことを約する契約です。匿名組合員は，営業者の行為に関する権利義務関係の名宛人とならず，一般には当該営業に関する取引相手に対して名前が顕れないので，「匿名」と呼ばれています。

第9章　個人取引

1　個人取引の概要

　銀行の取引分野として個人・生活者があります。具体的には住宅ローン，教育ローン等の消費者ローン，預金，投資信託等の資産運用商品，そして保険商品などです。かつての高度経済成長の時代は，個人から低金利の預金を集め，成長著しい企業部門へ資金を提供することが銀行の役割とされ，個人取引は預金をいかに集めるかに限定されていました。

　その預金金利は規制金利であったため，店舗の数が預金集めの重要な基盤となっていました。しかし，前に述べた通り，店舗数は当局の旧大蔵省によって規制されていたため，各銀行の自由な経営努力が出来る分野ではありませんでした。こうして銀行において個人取引の分野は高いノウハウも必要ではないいわば遅れた分野として長く位置づけられていました。

　そうした個人取引の位置付に変化が現れたのは企業の資金需要が低迷する1980年代に入ってからです。住宅ローンという貸出分野に依存することになった銀行にとって個人取引は重要な分野となりました。

　1990年代からわが国は低金利時代に入り，銀行の預金金利もかつてのような高金利は付利できなくなり，預金の金融商品としての魅力は低下しています。それでもなお個人金融資産の5割以上は預貯金で運用されおり，個人の預金取引は非常に安定したものとなっています。

　しかし，1998年12月の投資信託の銀行窓販の開始以降，銀行は投資信託を個人に積極的に勧めるようになりました。銀行にとっての手数料収入が期待出来ることも大きいのですが，大局的にみれば個人の金融資産を市場型間接金融に誘導し，わが国の金融システムを変えてゆくとい

う狙いもある規制緩和の結果を活かした施策であったと考えられます。

前に述べた通り,わが国の約1700兆円の個人金融資産の約5割は預貯金で運用されています。かつての地価が継続的に上昇する時代では銀行は土地を担保とすれば多少リスクが大きくても企業の新しい取組に資金を供給できましたが,現在ではそうした貸出は困難です。そこで,個人金融資産を資本市場に招きいれ,市場機能を活用しながら企業にリスクマネーを供給することが必要となると考えられます。こうした要請に応えるのが銀行の投資信託販売です。そして,わが国の個人金融資産を考えると,これを効率的に運用することが求められており,投資信託はそうした目的に貢献する商品であることから,銀行が取り扱うことがふさわしいと考えられます。

また,住宅ローンの他に一般の消費者ローンについても銀行は取り組みを強めました。消費者金融会社は1980年代以降大きく成長してその収益性の高さが話題となりました。金融機関としてもこうしたハイリスクな借入人に対してアプローチし,収益を得ることを考えるようになりました。現在ではメガバンクは大手の消費者金融会社をグループ内に持つようになり,銀行本体でもカードローンなどの個人向けローンに積極的に取り組んでいます。

しかし,消費者金融会社は2006年の利息制限法を越える部分,いわゆるグレーゾーン金利についての最高裁の判決により多額の過払い金請求を受けることとなりました。また,多重債務者問題への対処の観点から貸金業法も改正されて2010年6月に完全実施され,消費者金融取引はかつての著しい高収益性を失いました。

消費者金融の分野においては多重債務者問題が長年の課題となっていました。貸金業法の改正もこうした問題を受けてのことです。多重債務者については,借入人の自己抑制力の弱さなどの問題があると言われ,自己責任の問題として放置はできないと考えられて貸金業法の改正が行われたと言われています。銀行が消費者金融に取り組む場合もこの考

え方を取り入れてゆくことが求められます。

　個人取引の分野ではクレジットカード取引も重要なものです。クレジットカード取引の決済口座の残高はそうでない預金口座に比べて残高も高くなる傾向があります。個人取引については，公共料金の引き落としと共に取引の深化に有益な取引となっています。

　そして，個人と金融機関の接点としてはATMが極めて重要なものとなっています。金融機関の店頭で現金を引き出すと多くの時間がかかるため，1970年代よりCDが銀行の店舗で普及してきました。前に述べた通り，1990年代の終わり頃からコンビニエンス・ストアにATMを設置するようになり，現在では多くのコンビニエンス・ストアに設置され，ATMが設置されていることがコンビニエンス・ストアの集客力を高めているとも言われます。

　しかし，金融知識，金融リテラシーの乏しい個人に対して投資信託のように単純でない金融商品を販売するとトラブルも多くなります。そこで，2001年4月に金融商品販売法が施行され，金融サービスの消費者保護の強化が図られました。

2　個人との資産運用取引と銀行窓販
2-1　個人との資産運用取引

　かつては預金取引が主体であった個人の金融資産の取り込みは，現在では投資信託，年金保険といった金融商品の販売が主たる業務となり，資産運用取引とも呼ばれるようになりました。

　銀行が投資信託の販売を開始したのが1998年12月ですが，前に述べた通り，個人はその5割以上の金融資産を預貯金で運用しています。これは先進諸国と比較しても多すぎる割合と言われます。

　これはわが国の個人が将来への不安を多くもっており，そのための準備資金として預金を多く保有しようとするからと一般には言われています。しかし，高齢化が進むわが国では引退期に入った個人は預金を取

り崩すようになります。従って,高齢化社会が進行すると金融機関の預金吸収力が現在のように万全のまま推移するとは言えないでしょう。

個人が引退期に貯蓄を備えることはライフサイクル仮説という個人の消費と貯蓄の行動についての理論で説明でき,現役世代の多い国は貯蓄額が多く,人口の高齢化が進むと貯蓄の取り崩しが起こると考えられます。

ライフサイクル仮説とは,人々は一生の消費額を一生涯で使えるお金と等しくするように,毎年の消費量を決めるという消費理論です。この理論では,

現在保有する資産+将来得られる所得=一生涯での消費量

となるように毎年の消費量が決まると考えます。老後のために現在の消費を減らし貯蓄する行動はこの理論で説明できます。また,株式等の資産価格が上昇すると消費が増えることも説明できます。

わが国では預貯金への多額の資金が流れ,投資信託や株式投資へ向かうことがなかなか起こりません。銀行預金は長期のものもありますが,基本的には1年定期預金のように短期資金での運用であり,引退期への備えには実は向かない金融商品です。引退期に備えるのであれば長期の運用が有効であり,長期の運用資産,つまり,株式,債券,投資信託といった資本市場を活用する金融商品での運用が妥当となります。

現在の短期の預金によって老後,引退期の生活費用を貯蓄することは,いわば金融における時間の意味を理解していない資産運用と言えるでしょう。

株式投資,債券投資,そして内外への分散投資を組み合わせて長期投資を行うと1年定期預金を継続して運用するよりも高い収益性が得られ,また,価格変動性も安定します。そこで投資信託が,個人が資本市場を活用する場合の金融商品としては妥当と言われています。

分散投資の効果とは，様々な価格変動の異なる金融資産を組み合わせて運用すると全体として価格変動の幅が低下するとことにあります。

　銀行では投資信託の販売に加えて今では個人年金保険等の引退期に備えた保険商品も多く販売されるようになりました。預金は現在のところ自然に集まる状態と言われ，銀行等の金融機関は投資信託，保険商品の販売に注力しています。

　また，銀行はグループ証券会社の証券仲介業を行い，外債の販売も行っていますが，投資信託や外債を取り扱うには日本証券業協会が行う証券外務員の試験に合格し，登録を行わなくてはなりません。

　このような変化の中，銀行の個人取引はファイナンシャル・プランナーの資格を保有する者が担当することが望ましいと言われています。ファイナンシャル・プランナーとは，個人の生涯の生活設計について金融面を中心に包括的に捉えて助言を行う者です。

　かつての預金という単純な金融商品だけでなく，リスク性商品，そして保険商品のように長期に亘り資金が固定される金融商品など資産運用商品の販売においては，こうした個人の金融面，実物資産の運用面についてもライフプランに基づいた包括的な検討を行った上でアドバイスを行うことが適切とされています。

　例えば，年金生活者にリスク商品を勧めるべきではないと言われることが多いようです。しかし，実際には高齢者は，支出面で人生3大資金と呼ばれる教育資金，住宅資金，老後資金のうち，教育資金と住宅資金の負担は既になく，老後資金も準備がなされている人は多くいます。そのため高齢者はミドルリスクであれば，リスク資産運用に適した年代であるとも考えられます。

2－2　銀行における窓販商品の拡大の経緯

　銀行が個人に預金以外の資産運用商品を販売することは1983年4月の国債の窓販の開始から始まりました。銀行は国債と預金を組み合わせ

た商品を作るなどして個人向けの国債販売に努力し,当初は受け入れられるかに見えましたが,実際には個人向けの国債販売は低調でした。

1998年12月には前に述べた通り投資信託の窓販が始まりました。当初は販売額は低調に推移しましたが,その販売方法は分散投資,長期投資を基本とした安定的な個人の資産運用への貢献を目指したものであり,徐々に販売額を伸ばしてゆきました。その過程で毎月分配型投資信託も取り扱うようになり,最近では当初の販売理念はかなり薄れてしまいましたが,従来の証券会社の投資信託販売と比較すれば比較的穏健な販売方法を取っていると言われていました。

しかし,近年,毎月分配型投資信託と通貨選択型の投資信託について,高齢者に対して不十分な説明の下に販売を行うことが多いと言われるようになりました。この状況を受けて,金融庁は2014年12月から損益のトータルリターン通知を義務化しました。

通貨選択型投資信託とは,債券投資信託の分配金に高金利通貨の為替ヘッジプレミアムを組み合わせた投資信託であり,為替リスクが大きい商品です。しかし,当面の為替相場が安定的であれば,高い分配金を得ることができ,2010年頃から販売額が伸びていました。こうした規制が導入されることは,投資信託の5割以上を販売している銀行の販売姿勢に課題があることを示していると思われます。しかし,2014年から少額投資非課税制度,ニーサが始まり,銀行は積立投資信託の販売に注力するようになったと言われています。また,2016年からジュニア・ニーサも始まり,銀行は長期運用に顧客を勧誘すると言われています。

2001年4月には住宅ローン関連の火災保険の窓販が始まり,保険窓販が始まりました。そして,2002年10月には個人年金保険の販売が始まりましたが,ここからが銀行の保険窓販の本格的な始まりと言えます。当時取り組んだ商品は変額年金保険商品であり,運用成果によって年金の金額が変動する商品です。

前に述べた通り,内容的には投資信託に保険の商品性を組み合わせた

ものですが,定額個人年金保険も好調な販売状況を続けています。定額個人年金保険は,円建てだけでなく,外貨建ての商品も取り扱われています。金利水準の高い外貨建ての保険は予定利率が高く,表面的には高額の年金額を受け取れると思われたためですが,為替リスクを考えればそうした商品が一方的に良いわけではないとされます。

　2004年12月には証券仲介業の業務が解禁となり,グループ証券会社の商品を仲介という方式によって窓口で取り扱えるようになり,前に述べた通り,外債の販売を取り扱う銀行が増えました。高金利の外債は個人にとっては魅力的な商品と思われたようです。

　そして,2007年12月,保険商品の全てが窓販として取り扱えるようになり,終身保険,定期保険等も販売されるようになりました。近年では生命保険の販売に占める銀行窓販の割合は大きくなり,この販売ルートの営業成績が生命保険会社の業績を左右することもあると言われています。

3　個人向けローンとクレジットカード
3－1　住宅ローン

　わが国の銀行等の民間金融機関による住宅ローンの取り扱いは1961年6月から始まり,1983年には変動金利型住宅ローン等の取り扱いが開始されました。また,1994年7月には住宅ローンに関する旧大蔵省の通達が廃止され,これによって住宅ローンの商品設計が自由化され,同年9月には短期プライムローン連動型の住宅ローンが取り扱われるようになりました。

　かつてのわが国の銀行による住宅ローンは長期,固定,低利の旧住宅金融公庫の住宅ローンより劣るためにその残高は伸びませんでしたが,こうした新しい商品,そして1990年代には金利スワップ取引を用いた固定金利型,また,固定金利と変動金利を選択出来る商品も登場して,旧住宅金融公庫の住宅ローン商品に対抗出来るまでになりました。

一方，旧住宅金融公庫は2001年12月には廃止・独立行政法人化が決まり，前に述べた通り，2003年10月から始まった「フラット35」と呼ばれる銀行の住宅ローン債権を買い取り，証券化することにより民間金融機関の補完に徹することとなり，2007年4月から住宅金融支援機構となりました。

　わが国の住宅ローンの特徴は，団体信用生命保険により住宅ローンの債務者が亡くなった場合，その死亡保険金で住宅ローン債務を返済する仕組みとなっていることです。米国では住宅ローンはノンリコース（非遡及型）・ローンの仕組みを一部に取り入れています。これは，米国の1930年代の大恐慌における住宅ローン債務問題の経験を踏まえ，不動産評価体制の確立と共に広まったとされます。わが国においてはこうした制度は用いられていませんが，ノンリコース・ローンは安易な借り手を作り出す傾向もあるとも言われ，わが国では商業不動産向け貸付等以外には用いられていません。

　銀行の住宅ローン残高は増大して来ましたが，それは旧住宅金融公庫，住宅金融支援機構の住宅ローンのシェアを奪って伸びたと言われており，国内銀行ベースの住宅ローンの残高は，2014年12月末時点で115兆円となっています。

　最近は，リフォームローンの残高が伸びていると言われます。これは引退期の長期化に備え，50歳代，60歳代で住宅をリフォームする人々が増えているからと思われます。

　なお，住宅ローンにはローン残高の一定額の税額を所得税から控除する税制上の優遇措置が取られており，政府は国民の住宅取得を奨励しており，これは国のいわゆる持家政策の一つです。

3-2　その他の消費者ローン

　銀行が取り扱う消費者ローンとしては，住宅ローンの他に教育ローン，自動車ローン，そして使途が自由なフリーローン，カードローンがあり

ます。不動産担保のフリーローンは，バブル時代には大幅に残高を増やしましたが，現在では不動産価格の下落傾向から担保機能に不安があることから減少しています。銀行が，現在，主として取り組んでいるのは無担保のカードローンであり，このため前に述べた通り消費者金融会社と提携するなどして取り組みを積極化しています。

　銀行のカードローンは2010年6月に完全施行された改正貸金業法の対象ではありませんが，この改正貸金業法では貸金業者からの借入金額は総量規制が行われ，年収の3分の1を超える借入は出来ないこととなりました。また，専業主婦の借入も配偶者の同意書，収入証明，婚姻証明が必要となります。このため，貸金業者では専業主婦向けの貸出を事実上行っていないと言われ，そうした個人が銀行のカードローンの顧客になり始めていると言われています。

　銀行のカードローンは消費者金融会社の貸付に比較して金利が低い場合が多く，審査の条件も厳しいとは言え，一定の範囲の消費者金融の利用者を取りこむのではないかと思われます。

　一方で自己破産等の問題も生じており，信販会社を会員とする株式会社シー・アイ・シー，消費者金融会社を会員とする株式会社日本信用情報機構は，前に述べた改正貸金業法では指定信用情報機関とされ，情報交流が義務化されています。なお，銀行は1988年に全国銀行個人信用情報センターを設立し，個人信用情報を一元管理しています。

　住宅ローンが伸び悩む一方で，カードローンはその比較的高い収益性もあって重要な貸出分野となりつつあると言われます。

3－3　クレジットカード

　1960年の日本ダイナースクラブの設立にはじまるわが国のクレジットカード業務は，1960年代に銀行によりクレジットカード会社が多く設立され会員獲得競争を行った頃から盛んになりました。2011年3月末時点では約3.2億枚のクレジットカードが発行されており，その約4

割が銀行系で占められていると言われています。

　銀行系クレジットカードの審査は比較的厳しく，他の流通系，信販系に比べれば会員の獲得は容易ではないと言われています。にもかかわらず比較的多くのシェアを占めるのは，企業の従業員との取引として，いわゆる職域セールスを展開してきたからと思われます。

図表9．国内銀行の住宅ローンとカードローンの残高推移

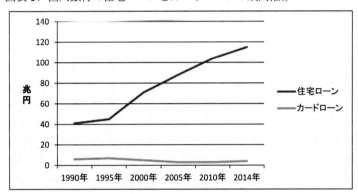

出所：日本銀行統計局『日本銀行統計２０１５』より作成。

　職域セールスとは，銀行の融資先企業の応諾を得てその企業の職場でクレジットカードへの加入勧誘を行うことです。銀行は給与振込口座の獲得とクレジットカードの獲得をセットとして行い，企業の従業員も給与振込口座とクレジットカード決済口座が同一であることは便利ですからこうした勧誘に応じることが多かったのです。

　クレジットカードの利用形態で意外と多いものはキャッシングによる借入と言われます。しかし，このクレジットカードのキャッシングも前に述べた改正貸金業法の規制対象となっています。

　そして，2009年12月には改正割賦販売法が施行され，クレジット会社や加盟店等にクレジットカード番号等の安全管理措置が義務付けら

れるようになっています。この改正割賦販売法では過剰なクレジット利用を防止するため，クレジットカード会社に利用者の年収などに基づく支払い可能見込み額の調査義務が課せられました。

また，近年，米国で一般的なリボルビング払いという返済方式をセールスするクレジットカード会社が増えています。この方式であれば毎月の返済額は平均化されるため利用する消費者が増えていますが，借入という意識が希薄とも言われています。消費者教育の必要性が言われていますが，わが国でクレジットカードの返済は一括払いが9割と言われています。クレジットカードは銀行にとって個人取引の拡大のツールとして重要な役割を担っており，その適正な発展が期待されています。

4　リスク商品と投資家保護

現代の銀行と消費者の取引はかつての預金中心のものと異なり，商品の内容が複雑な投資信託や外貨預金が増えています。こうした商品は金融に関する知識がなければ契約が難しい商品となっています。にもかかわらずこうした商品が取引されるのはわが国の経済が成熟し，前に述べた通り，低金利の時代となって預金の魅力が低下したことがあり，また，金融機関が収益を拡大するために積極的に取り組んでいることがあります。銀行は総合金融サービス業へと変化しているのです。

しかし，その結果，外貨預金，投資信託，変額年金保険などのリスク商品の取引について利用者と紛争が起こるケースが増えています。情報力に格差がある金融機関と個人とでは，投資家保護の観点が特に重要となります。こうした観点から，2001年4月に前に述べた金融商品の販売等に関する法律，いわゆる金販法が施行されました。これによって，金融機関は預金も含めてあらゆる金融商品を販売する場合に金融商品に関する重要事項の顧客への説明が義務付けられました。そしてその重要事項の説明を怠り，利用者が損害を被った場合は，因果関係の証明がなくとも金融機関が損害賠償責任を一定の範囲で負うこととなりました。

また，金融商品取引法の施行により包括的で横断的，そして柔軟性のある投資家保護の法制が整備されました。この金融商品取引法は，利用者，市場，国際化の3つの基本的視点がありますが，横断的な利用者保護法制として，デリバティブ取引の範囲拡大等による規制対象商品・取引の拡大等が行われています。

　また，有価証券等の販売勧誘ルールとしては，適合性の原則，契約締結前・締結時の書面交付，断定的判断の提供の禁止，損失補てんの禁止，広告内容の規制などが定められています。

　この法律では利用者を特定投資家・プロと一般投資家・アマにわけ，柔軟な法規制が行われるようになっています。

　金商品販売法，金融商品取引法といった法令を遵守することは銀行の営業面でブレーキをかけることになるという意見がありますが，むしろ，こうした説明義務の履行や適合性の原則の遵守が銀行の利用者から信頼を得て営業成績を伸ばす可能性が高いと思われます。いわゆる「評判」と言われる無形の資産を銀行が保有することになります。

　なお，金融商品取引法については前述べた2008年の改正で証券会社，銀行，保険会社間の内部管理目的での顧客情報の共有等のファイアーウォール規制の見直しに伴う措置として，利益相反管理体制の構築，銀行等の優越的地位の濫用の禁止等の規定が制定されました。

　更に2009年の改正では，前に述べたように金融分野における裁判外紛争解決制度である金融ADR制度が創設され，利用者にとって苦情処理・紛争解決が簡易・迅速・安価なものとなるよう配慮されました。

第10章 法人取引

1 法人取引の概要

　銀行と企業の取引は，銀行の貸出を中心に行われています。一般に企業は事業を運営するために，運転資金，設備資金が必要となります。運転資金とは，日常取引の現金，売掛金，受取手形，商品の在庫資金に対応する資金のことを言います。

　通常は手形借入や当座貸越などの短期の借入で行われます。これは売掛金等は短期間に売上となり，現金回収されるものですから短期の借入で対応できるからです。また，貸出を行う銀行もその資金の調達が短期の預金であることから，こうした資金需要に応じやすいのです。このような貸出取引を商業銀行業務と呼びます。

　この取引は企業の日常的な活動が続く限り継続的に必要となり，借入残高が減少することはありません。従って残高の減少がないことを考慮し，いわゆる長期運転資金として長期借入を行う場合もあります。

　設備資金とは，企業の生産設備，例えば工場，店舗などの建設のための資金を言い，この借入は長期に亘ることが通常です。こうした設備資金の返済原資はその企業の収益からになり，短期運転資金のような売上からではありません。会計上，こうした設備は減価償却を行いますが，その減価償却費相当額が設備資金の借入金返済と見合うことになります。つまり，設備資金の返済は企業の収益によって行われることになります。

　銀行は短期の預金による資金調達が多いため，かつては長期の貸出は長期信用銀行と信託銀行が中心となっていました。しかし，現在では金利スワップ取引が用いられ，固定金利による長期の貸出を普通銀行が行

うようになっています。また，前に述べた通り，新長プラによる変動金利による長期貸出も行われており，設備資金への対応は普通銀行で行われています。

ただし，これは銀行が短期の預金を受け入れていることから，預金を継続的に受け入れることが前提となります。特に長期貸出は銀行の安定的な信用力があり，預金獲得能力があってこそ初めて可能な金融取引と言えます。

銀行の法人取引はこの貸出を中心に，預金取引，為替取引といった銀行の各種の機能を提供することで成り立っています。また，経営相談や経営指導，M&A，海外進出のアドバイス，そして上場企業の場合は株式の持合い，銀行から企業への役員派遣といった関係に到ることもあります。株式持合いや役員派遣までの関係があるような銀行は，貸出額においても取引銀行の中で最大の額であり，こうした銀行を前に述べたようにメインバンクと呼んでいます。

メインバンクは様々な取引を緊密に行い，企業の情報を収集し，取引メリットも得る一方，企業の方は安定的な融資関係を期待しています。こうした関係は高度経済成長時代の企業の銀行借入の需要が大きかった時代に多く形成されました。メインバンクが貸出を行うと他の銀行はメインバンクの貸出先の信用調査力を信頼して貸出を行うようになり，企業は多額の借入を容易に行うことが可能となります。

企業の財務担当者はメインバンクの融資担当者を，各銀行の代表者として説得して貸出を行ってもらうことに成功すれば，他の銀行からも借入が可能となります。多数の銀行全てに詳細な資料を作成し，説明して回るコストを節約できることになります。つまり，メインバンク制は情報生産を効率化することができます。

また，企業が不況期に経営上の困難に陥った場合，メインバンクの支援体制があると他の銀行も支援を継続することが行われました。メインバンクはこうした経営困難に陥った企業に対して，前に述べた役員派遣

を行い，場合によっては社長までを送り込むことによって経営の立て直しを図ることもあります。

しかし，1980年代から大企業においてはコマーシャル・ペーパー，株式，社債の発行など市場を通じた資金調達が増え，また，経済成長の鈍化によって企業の資金需要も低減したことからメインバンク制は大企業取引では形骸化してゆきました。

また，銀行の方でも一つの企業の貸出金を大量に保有することのリスクも考えて，シンジケート・ローンとして貸出債権を多くの銀行が集団で保有する方式を取り，メインバンクはアレンジャーとして手数料収入を得ることも行うようになっています。

図表10-1．シンジケート・ローンの残高推移

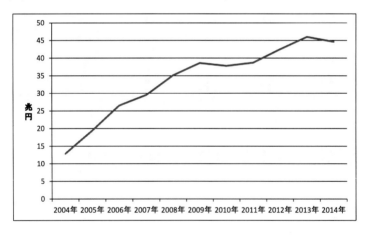

企業が経営不振に陥った場合，メインバンク以外の銀行は貸出金を回収し，メインバンクが肩代わりすることを「メイン寄せ」と呼びますが，そうしたことも行われるようになりました。

しかし，直接金融によって資金調達が出来ない中小企業にとっては銀

行からの借入は依然として重要な資金調達手段であり、メインバンク制は残っています。このように法人取引といっても直接金融による資金調達が可能な大企業、資本市場にアクセスできる大企業と、それが不可能な中小企業とでは銀行の取引内容は大きく異なるようになりました。

また、株式の持合いについては、従来、取引関係の維持・強化等の事業場上の効果を狙いとしてきたものですが、その非効率性や価格変動リスク、そして企業のガバナンスの問題を指摘する意見が有力となりました。前に述べた通り、2015年6月にはコーポレートガバナンス・コードが策定され、銀行は株式持合いを縮小させており、今後、株式持合いは解消される方向にあります。

一方、銀行が中小企業に対して擬似資本としてのリスクマネーをある程度供給することは必要であるという意見もあり、株式を銀行が保有することは一定程度必要ではないかとの意見もあります。また中小企業へのリスクマネーの供給として直接株式を出資するのではなく、投資ファンドを形成してリスクマネーを提供することが行われるようになっています。

2 中小企業向け貸出と地域密着型金融
2－1 中小企業向け貸出

前に述べた通り、都市銀行が大企業の銀行離れへの対策として中小企業取引を積極化したのは1980年代からです。当時の貸出の方法としては不動産担保による貸出、信用保証協会の保証付き貸出、いわゆるマル保とよばれる貸出が多く用いられました。中小企業の信用リスクは大企業に比べて高く、都市銀行はこうした中小企業に対する貸出審査能力が乏しかったのです。信用金庫、信用組合といった中小企業金融機関は、緊密な地域内での取引を通じ、中小企業をモニタリングする能力が比較的ありましたが、都市銀行の中小企業取引の拡大により、中小企業への貸出は都市銀行、地域銀行、そして協同組織金融機関の間で激烈な競争

が起こる市場となりました。

　こうした中小企業向けの取引を消費者向け取引と合わせてリテール・バンキングと呼びます。現在では大手銀行は従来の不動産担保貸出への過度の依存を反省し，無担保貸出のビジネスローンと呼ばれる貸出も行っており，地域銀行もこうした取引を増加させています。

　ビジネスローンは，企業の経営状態を数値化して評価するスコアリングという手法によっています。大量の企業取引のデータから企業の財務内容を中心に分析し，点数をつけることによって機械的に融資判断を行います。財務分析は現在ではコンピューターを用いて迅速に行えるようになったため，こうしたデータを銀行が入手して数日で貸出の可否，条件を決定できます。確率的な判断を用いたものですが，無担保であるため金利は一般に高いという点が特徴です。

　しかし，こうしたミドルリスク・ミドルリターンの自動審査貸出は不良債権も多く発生していると言われ，前に述べた通り，一部の大手銀行は取引を縮小する傾向にあると言われています。

　しかし，大企業が直接金融による資金調達力を持っている現在では銀行の貸出業務の主な取引先は中小企業となるので，銀行は様々な工夫により中小企業向け貸出を拡大しようとしています。

2－2　地域密着型金融

　リテール・バンキングのうち中小企業取引について見ると，地域密着型金融と呼ばれるきめ細かい取引がその特徴となっています。地域密着型金融の内容は，①ライフサイクルに応じた取引先企業の支援，②事業価値を見極める融資手法をはじめとした中小企業に適した資金提供，③地域の情報収集を活用した持続可能な地域経済への貢献などがあります。

　ここで言うライフサイクルに応じた取引先企業の支援とは，創業・新事業支援，経営改善支援・ビジネスマッチング，事業再生支援・DDS・

DES，事業承継支援・M&Aなどがあります。

DDSとはデット・デット・スワップのことで，特定の債権者の有する債権を劣後ローンに転換する手法です。劣後ローンに転換することにより一定期間の返済猶予といった形での支援を受けることができます。また，DESとはデット・エクイティ・スワップのことであり，債務の株式化のことですが，DDSに比較すると実績は少ないようです。

事業価値を見極める融資手法とは，不動産担保・個人保証に過度に依存しない融資等への取組，具体的にはABL・セット・ベースド・レンディング，財務制限条項を活用した融資などです。

財務制限条項とはコベナンツと言われるもので，純資産維持条項，利益維持条項，現預金維持条項などがあり，こうした制限を遵守することを条件に貸出を行います。

ABLとは，前に述べた通り，動産・債権等の事業収益資産を担保として資金調達を行う貸出のことです。事業収益資産とはキャッシュフローを生みだすものであって，商品性があり，将来収入に転化する資産や将来の収入を生みだす資産のことです。

図表10-2. 動産・債権等担保融資（ABL）の仕組み

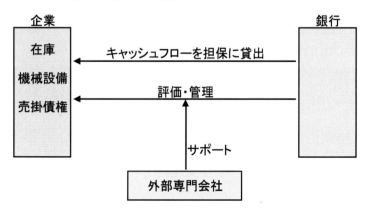

地域の情報集積を活用した持続可能な地域経済への貢献とは，地域全体の活性化，持続的な成長を視野に入れた，同時的・一体的な面的再生への取組などを言い，具体的には PFI への取組などを指します。

　PFI とは，前に述べた通り，プライベート・ファイナンス・イニシアティブのことであり，社会資本整備の民間事業化を言い，地方自治体の公共施設整備を官民の役割分担によって民間の資金調達力や事業運営能力を活用して効率化を図るものです。

　また，ビジネスマッチングへの取組も増えています。ビジネスマッチングとは，中小企業が抱える事業展開上の課題を他の企業と協力することで解決することで，銀行がその仲介を行うことを指します。

　かつては営業紹介と呼ばれて企業の販売先を金融機関が紹介することが行われましたが，これを拡大して組織化し，複数の銀行が合同で行うなどして経営支援の一つとして中小企業から一定の評価を受けていると言われます。

　こうした取組は，当初，リレーションシップ・バンキングと呼ばれ，きめ細かいサービスを提供し，中小企業と銀行の間に長期的な信頼関係を築いて多様なニーズに対応するというものが中心となっています。長期的な取引関係は，銀行側にとっては企業の情報を蓄積し，情報生産のコストを抑えることに繋がります。

3　投資銀行ビジネス

　中小企業とのリテール・バンキングが地域密着型金融であるのに対し，株式が上場されているような大企業との取引はホールセール取引と呼ばれます。ホールセール取引は，大企業がその設備資金などを資本市場から調達することが困難な時代，その資金を融資することが主な内容でした。しかし，1980 年代以降，金融の自由化が進み，短期金融市場，資本市場共に大企業にとっては利用が容易な市場となり，銀行の大口貸出は困難となってゆきました。

そうした中,銀行の投資銀行ビジネスと呼ばれる業務が国際分野を中心に展開されました。前に述べた通り,海外での債券発行への関与は銀行の証券現地法人にも一定の範囲で許されたことから,こうした大企業の社債発行による資金調達ニーズに対して銀行は国際業務の分野から参入しました。

海外での起債業務への関与は大企業取引の大きな分野となりました。その後,1990年代には国内の社債市場も規制緩和が行われ,銀行は証券子会社を通じて社債発行業務に取り組みました。そして,金融持ち株会社で証券会社をグループ企業に持つことが許されるようになると,銀行はこれらの証券会社の法人部門と協働して大企業の資本市場を通じた資金調達ニーズを吸収するようになりました。

投資銀行とは米国のインベストメント・バンクの訳語であり,証券の引受業務を中心に行う証券会社のことを指します。こうした資金調達業務以外にM&A,コンサルティング・アドバイス,保有株式や企業年金の運用の支援,株式公開のサポートなど多様な業務を行い,手数料収入を得ています。

M&A(マージャー・アンド・アクイジッション)とは,企業の合併,買収のことを指し,日本の大企業のM&Aの動機として多いのは,国際競争力の獲得,国内市場での競争力強化,破綻企業の再生といったものと言われます。近年,わが国の大企業はグローバル化を目指し,海外企業の買収を盛んに行っており,銀行はこうした取引のアドバイスに取り組んでいます。

なお,米国の投資銀行ビジネスは,近年,高度な金融工学を用いた金融商品などのトレーディング業務や,その商品の創出業務が多くなり,そうした取引はリスクが高く,2007年のサブプライムローン問題以降,多くの投資銀行が破綻したり,経営困難となり,商業銀行に買収されるなどしました。わが国では,こうしたビジネスは発展途上にあったため,資産証券化商品に投資を行っている銀行の他はわが国の銀行に直接的

な影響はありませんでした。

　前に述べたように欧州の大陸諸国では銀行業務と証券業務の兼営を禁止する法律がなかったことから証券・保険・銀行といった業務を行うユニバーサル・バンクが存在しています。わが国でも証券取引法は2007年に金融商品取引法に改正され，また，銀行と証券の事実上の兼営，つまり，金融グループとしてこれらの業務を営むことが出来るようになっていますが，投資銀行業務も銀行とグループ証券会社の法人部門が連携して進展しています。

　世界的にみれば投資銀行業務はリーマン・ショックによって大打撃を受けました。旧来の株式の引受業務等の投資銀行業務の収益性は低下していると言われます。しかし，こうした業務は知識集約産業として発展が見込まれ，わが国の銀行，金融グループにおいても投資銀行業務は，今後，拡大してゆくことが予想され，また，米国の投資銀行も収益を回復しています。

第11章　銀行の経営

1　銀行経営の概要

　銀行の経営は一般に政府によって禁止されており，銀行免許を取得した法人だけが経営できることになっています。これは医師免許などと同様であり，誰でも自由に営業を行うことが認められると国民に不利益を与えるとされるからです。

　具体的には預金の不払いや，不適切な貸出によって国民の金融資産が傷ついたり，経済的に不適当な活用しかされない場合があり，また為替取引などはインフラとしての性格が強いからです。こうしたことから銀行は典型的な規制産業として発展してきました。しかし，通信産業が自由化されたように銀行も不適切に規制を行うと国民経済からみて不適当な場合があり，段階的に自由化が行われていました。そして，日本版金融ビッグバン以降，自由化は急速に進み，かつて行われていた護送船団方式と呼ばれた競争制限的な規制は緩和される傾向にあります。

　こうした銀行産業の経営理念としては，公共性，健全性，収益性の3点が一般的に挙げられています。

　まず，公共性とは，社会で行われる経済取引において金融機関はその中心的な役割を果たす存在であることから銀行の経営に求められる経営理念です。預金取引，貸出取引，為替取引などが滞ると預金者，企業など社会全般に広く影響が及びます。こうした消極的な意味だけでなく積極的な意味として銀行は個人の金融資産をより効率的な活動をする企業に提供することにより，経済の発展を促進する役割を果たしています。

　また，住宅ローン等個人の金融ニーズに応え，グローバル化する現代

の経済の中で，広く海外で国際的に活動する大企業，地域経済を支える中小企業へ金融サービスを提供することが銀行には求められます。こうした点から銀行の社会的な責任は大きいと言えます。住宅ローンという金融取引がなければ多くの国民は住宅を取得できないでしょうし，また，企業向けの運転資金，設備資金の貸出がなければ，企業の大多数を占める中小企業は経営が出来ないでしょう。

第二に健全性とは，銀行預金が預金通貨として現金と同様の役割を果たし，経済取引の基盤として定着しており，また，多数の預金者を顧客として持っていることから求められる経営理念です。メガバンクであればATMの利用者数は膨大な数になります。また，企業間の決済は振り込み，手形，小切手によって行われています。こうした状況は銀行の健全性に支えられています。健全性を備えた銀行への信頼がなければ為替取引も預金取引も行われないし，そもそも銀行という金融システムが成立しないと言えます。

この健全性は流動性と確実性という点に現れます。流動性は突発的な現金の引出に備えて，常に準備資産を保有出来るような状態を維持できることを指します。また，確実性とは預金者の運用資金を確実に返還出来る状態を維持できることです。経営の健全性がなくてはこうしたことが出来ません。すなわち，戦略的なリスクテイクを行いながら十分な自己資本を備え，資産が不良化して発生した不良債権の償却を行い，預金者に影響を与えないだけの財務健全性が必要となります。

第三に収益性とは，銀行の信用秩序維持，預金者保護など公共的な役割を果たし，健全性を維持するために求められることです。適切な収益を得ることにより自己資本を増強し，また，株主への配当を行うことも可能となります。銀行の信用力はこの収益性と保有している貸出債権，投資している証券の質，いわゆる資産の質によって決まると言えます。

一度，銀行が信用力を失うと短期金融市場や資本市場での資金調達に高いコストを払わなくてはなりませんし，それでも資金調達が出来ない

場合があります。良好な収益性を得るために銀行はその経営の合理化,効率化を常に追求することが求められています。前に述べた通り,かつては脆弱な金融機関の収益を維持するために競争制限的な規制が行われていましたが,こうした規制は緩和されてきています。金融の自由化が進む中で銀行は効率経営を行い,同時に公共性・健全性と両立する経営を行なうことが求められています。

2 銀行の収益と経営分析

2−1 銀行の収益

　銀行の収益は大きくは3つに分けられ,それは資金運用益,手数料収益,売買益からなります。資金差益とも呼ばれる資金運用益は,貸出と預金の利率の差による収益が典型であり,預貸金業務,有価証券投資業務から得られます。これは銀行の中心的な収益です。かつては預金金利が規制されていたことから,この資金運用益は利鞘を安定的に確保でき,また,高収益でした。

　しかし,現在では預金金利は自由化され,また,貸出の資金需要も弱くなり貸出利率も低下しており,その利鞘は小さくなる傾向にあります。それを補う形で有価証券投資が拡大しており,多くの銀行が国債への投資を行っています。有価証券投資にはリスクの高い証券投資も含まれ,リーマン・ショックの際には証券化商品への投資から多額の損失を被った金融機関もあります。

　なお,わが国の大手銀行では,収入に占める貸出金利息の割合は40%以下となっています。地銀でも50%程度となっており,この貸出からの収益の減少は有価証券投資によって補われています。

　為替手数料等のサービス業務の手数料による収支は役務取引等収支となります。わが国の銀行はこの役務取引等収支の収益に占める割合が欧米の大銀行に比べると低くなっています。その理由は,欧米の大手銀行では投資銀行業務などから得られる役務収益が多いからと言われて

います。なお，この手数料収入には，近年ではデリバティブ取引によるものが増えています。

売買益は，外国為替売買益，国債のディーリング益などで，特定取引利益・その他業務利益と呼ばれています。

これらの収支から経費及び一般貸倒引当金繰り入れ額を差し引いたものが業務純益です。業務純益は銀行の本来の収益力を表すものとされます。1980年代に預金金利の自由化が進み，銀行の収益が縮小する中，益出しとよばれる取引が行われ，銀行の利益のかさ上げが行われたことがあります。益出しとは，年度末に簿価の低い株式を売却し，売却益を得た上で，翌年度の始めに当該株式を買い戻すことです。このため簿価は上昇し，その後の収益を圧迫することになりますが，決算を表面的には良く見せることができます。株式を買い戻す理由は，こうした株式は銀行が取引のある企業との株式持合いで保有しており，一方的に売却が出来ないためです。このような行為が横行したことから株式関係の損益を除外した業務純益という銀行の基本的収益力を測る指標が導入されました。

この業務純益から現在ではコア業務純益の方が重視されています。コア業務純益は業務純益に含まれている国債等関係収益を除き，一般貸倒引当金繰り入れ額を加算したものとなります。一般貸倒引当金は要管理先債権に対する引当として多く使用され，年により大きく変動するため本来の収益力を見る基準としては不適当とされるようになったためにその影響を除くものです。そして，国債等関係収益の影響が除かれるのは，金利水準の低下により大幅な含み益をもつ債券の大量売却が行われ，収益指標としての意義に歪みが出たためです。コア業務純益は銀行のコアビジネスからの収益を見る基準と言えるでしょう。

2-2　銀行の経営分析

銀行の経営分析は，基本的にはROA（総資産利益率）とROE（自己

資本利益率)そして,自己資本比率が重要な観点となっています。ROAとは総資産に対する収益性の比率であり,ROE は自己資本に対する収益性を測る比率です。そして,自己資本比率は総資産に対する自己資本の比率を測る比率であり,銀行の安全性を分析する点で重要とされ,銀行監督の要としてこの自己資本比率には規制が行われています。

また,外部負債比率も重要であり,預金・債券に対するコールマネー等の市場性資金の割合を見ることが重要です。欧州の銀行の中には市場性の資金に依存した経営を行っていたところがあり,リーマン・ショックで短期金融市場が混乱した時に経営危機に見舞われたところがありました。わが国の銀行は国民の預金への選好もあって豊富な預金に支えられた経営を行っていたため,こうした混乱はありませんでした。

収益性の分析では総資金利鞘が重要となります。これは資金運用利回りから資金調達利回りを引いたもので,資金運用の効率を表す指標です。

また,経常収支率も重要であり,これは経常費用を経常収益で除した値です。不良債権の処理等の費用が膨らむ場合は,経常収支率が 100%を超えることになります。

前に述べた ROA, ROE は,資産の質と共に格付機関が銀行の格付を行う場合の基本となる部分の一つであり,その重要性は高いと言えます。わが国の銀行はこれらの値が欧米の銀行に比較して低くなっていました。そのため,各銀行は,信用リスクの計量化を行い,リスクに見合ったリターンを得て資金差益を向上させ,また,役務収益を増大させることに取り組んでいます。

主な収益源である資金運用益の水準は低く,特に米銀と比べると低いと言われます。この要因は銀行が貸出金利を適正な水準に設定出来ていない点にあると言われ,その背景にはオーバー・バンキング,つまり銀行の過剰があるとも言われます。こうした中,個人向け貸出は住宅ローン,その他のローン共に相応の利鞘を得ていましたが,近年は住宅ローンの利鞘は低下傾向にあります。全国銀行の総資金利鞘は,2015 年 3

月末で 0.10％と 2007 年 3 月末の 0.33％から 0.23％低下しています。

　企業向け貸出の利鞘が低い要因は，前に述べた通り，オーバー・バンキングもありますが，銀行が企業の信用リスクに応じた貸出金利を設定してこなかった歴史的な経緯もあります。短期，長期共にプライム・レートでの貸出が多く行われ，企業間の貸出金利の差は少ない時代が長期間続きました。これに加えて，1980 年代以降の安定成長経済，そして平成に入っての不況もあり，資金需要は緩み，アンダープライムの貸出も増えて適正な利鞘が得られなくなった現状があると言われています。

　収益を高めるには手数料収益，売買益といった非金利収入を高めることが求められます。この点については，現在，投資信託，保険商品の窓口販売を推進し，手数料収入の増大に努めています。また，米銀はシンジケート・ローンや貸出債権の証券化により，資産のオフバランス化に長く取り組んできましたが，わが国の銀行も，近年，こうした取組を強めています。

　収益の増大には収入面と共に，費用の面での取組みも重要です。まず，組織の面では，合併・統合による規模の拡大とそれによる費用の低減の追求が行われています。特に 1990 年代末の金融危機を契機に大型の合併，統合が相次ぎました。これはわが国だけでなく，銀行の歴史は合併の歴史と言われるほど銀行産業では合併が行われてきました。それだけ規模の利益が働きやすい産業と言えます。地域銀行は欧米で起こったような広域連合体としての合併の道を模索する必要もあるとされています。

　また，ATM のコンビニエンス・ストアへの設置の普及，そしてインターネットなどの電子取引の普及により，個人取引・法人取引共に店舗の意味が変わってきたことがあります。ATM の普及により銀行は店頭窓口の担当者の要員を大幅に削減出来るようになりました。わが国の銀行はこの点で米銀を凌ぐ効率性を達成しています。

　わが国の銀行は金利規制や店舗規制が長く続いたため，効率化として

は事務処理のシステム化が大きなテーマとなり，各銀行ともに積極的に取り組んできました。このため，わが国の銀行は米銀と比較して少人数での経営となっています。店舗についても米銀はローコスト人材で大規模な店舗網を展開していますが，わが国の銀行は1990年代初めまでは増加傾向にありましたが，現在では減少傾向に転じています。なお，わが国の銀行員の給与は比較的高く，人件費の点で米銀の大手行ように大きな支店ネットワークを維持できない面もあります。

人員数についてもコンピューターのシステムが発達する1960年代後半までは事務処理要員としての職員が多数いたのですが，現在ではこうした職員は減少しています。しかし，金融の自由化に伴い，効率的経営，人件費圧縮の取組が始まり，これによる職員の減少に対して1990年代まではパート職員を大量採用していました。

しかし，現在は銀行のグループ企業に事務受託専門の会社を設けて，その会社に事務委託を行うようになっている場合が多くなっています。従って，現在の銀行店舗には，総合職と呼ばれる営業等を担当する職員，一般職と呼ばれる定型的な事務を担当する職員，そして銀行グループの事務受託会社の社員，及びパート職員等多様な人材が配置されています。

経営の効率化には物件費のうち，コンピューターのシステムに対する投資が多額となります。従って，地域銀行の間では他の銀行と共同してシステムの開発，運営を行うことにより，システム投資の負担軽減を図っているところも多く，第二地銀の多くがシステムの共同化を取り入れています。

そのシステムも1960年代から始まるコンピューター化においては勘定系と呼ばれる銀行の簿記に関する部分が主でしたが，現在では営業をサポートするための情報系と呼ばれるシステムが強化されています。例えば，貸出に関する財務分析などは1980年代からコンピューター化されはじめ，現在では支店及び本部業務のあらゆる分野がコンピューター化されています。そのため，コンピューターシステムが停止することに

よる銀行業務が継続できなくなるリスクは飛躍的に増大しています。

　また，顧客情報など多種多様かつ多量の情報がコンピューター化されると，一瞬にしてこうした内部情報が外部に流出する可能性もあります。そうした問題を如何にクリアーするかが情報産業としての銀行の大きな課題となっています。

　銀行は装置産業であり，膨大なシステム構築のコストを負担しなければなりません。そのコストが負担出来ないのであれば，前に述べた共同システムを取り入れるか，統合・合併を将来の選択肢に入れることが求められるでしょう。

3　リスク管理，利用者保護とCSR
3－1　リスク管理

　銀行の中心的収益である資金差益の源泉は資産変換機能，つまり，安全資産としての銀行預金を貸出というリスク資産に変換することによって生じています。従って銀行業務の根幹はリスクの管理にあると言えます。

　銀行に関わるリスクを大別すると，①信用リスク，②市場リスク，③流動性リスク，④オペレーショナル・リスクがあります。

　①の信用リスクは，前に述べた通り，信用を供与している先の財務状況の悪化により債権が不良資産となるリスクのことです。このリスクは銀行業にとり最も基本的であり，最大のリスクです。このうち，国家への与信の場合や，与信先の所在する国家の外貨事情などから債権回収に問題が生じるリスクをカントリー・リスクと呼びます。

　カントリー・リスクについては，かつては新興国についての問題が多く起こりましたが，2010年のギリシャ危機に始まった欧州債務危機のように先進国の一部についてもそのリスクが小さくないことが認識されました。

　②の市場リスクとは，金利，為替，株式等の様々な市場の価格変動に

より，資産，および負債の価格が変動し，損失を被るリスクのことです。まず，金利リスクとは債券価格が金利変動によって価格変動を起こして損失を被るような場合と，短期調達，長期運用のように金利の更改期間が異なるミスマッチから収益を得ている取引において，短期金利が上昇して損失を被るような場合があります。

為替リスクとは為替相場変動によって損失が発生するリスクです。銀行の場合，こうした為替リスクを大きく取るような取引は基本的には行われておらず，外貨での貸出の原資は基本的に外貨で調達することとなっています。なお，一部の外貨調達はスワップ取引を用いており，最近，そのコストが割高になっていると言われています。

価格変動リスクとは株式のような有価証券などの価格変動により，資産価格が低下するリスクのことです。銀行が株式の保有を制限されていることは前に述べた通りです。

③の流動性リスクとは，市場の混乱により保有している資産の売却取引が出来なくなるリスクや，短期資金の取引市場が混乱して資金調達が出来なくなるリスクを言います。近年ではリーマン・ショックにおいて短期金融市場が麻痺に近い状態を起こしたことが知られています。これによって世界各国の銀行で資金繰りが出来ない銀行が続出し，政府の救済を受けることになりました。

④のオペレーショナル・リスクとは，金融機関の業務，職員の活動状況，システムの問題などにより損失を被るリスクのことであり，事務リスクとシステム・リスクがあります。職員の活動状況については，職員による不正取引による損失があります。トレーディング部門で不正が起こると莫大な損失を被ることがあり，その管理が課題となります。

かつて，わが国の銀行の海外支店の職員が債券取引で不正行為を行い，結局，その銀行は同国での営業免許を取り消される事態となったこともあります。また，不正でなくともシステム操作のミスで巨額の損失を生じることもあります。システムの作動上の問題であるシステム・リスク

については，2011年に大手銀行で大規模な振込み事務に関する障害が発生して問題となったことがあり，このケースでは当該銀行の経営の在り方までが問題とされるまでになったことがあります。

こうしたリスクに対しては，まず，自己資本の面でバーゼル銀行監督委員会による自己資本比率規制があり，信用リスクについては資産査定を通じた監督がなされていますが，こうした監督を待つまでもなく，各銀行はコンピューターシを用いたシステム的な管理，たとえば信用リスクの計量化，ALM（アセット・ライアビリティ・マネジメント）による資産と負債の統合的な管理，デリバティブの活用によるリスクヘッジ，コンピューター・センターの2センター化，各営業拠点でのコンティンジェンシー・プランの整備などを行っています。

なお，2013年7月に金融安定理事会は，「効果的なリスクアペタイト・フレームワークの原則」を公表し，現在，金融庁もこの考え方をメガバンクの監督指針に取り入れています。これは自己資本に加えて収益性や流動性についても銀行自身が指標を設定し，リスク・ガバナンスを強化する取組です。

3－2　利用者保護とCSR

銀行取引における利用者保護は，1971年の預金保険制度の整備に始まります。これによって現在では1,000万円までの預金とその利息が保護されることになり，多くの預金者が銀行の破綻から保護されることとなっています。前に述べた2010年の日本振興銀行の破綻では，初めてのペイオフが行われましたが，その影響は極めて小さいものでした。また，預金保険制度には資金援助制度があり，破綻した金融機関の救済合併の支援を行っており，この方式が金融機関の破綻処理の主流となっています。そして，危機的な事態が予想される場合は預金保険機構による株式の引受等の金融危機対応措置を行うこととなっています。なお，預金保険料は2015年度から近年の金融システムの安定を受けて，従来の

半分にあたる 0.042%に引き下げられています。

1998年12月の投資信託の販売,外貨預金,投資型年金保険などのリスク性商品の販売が増えるにつれて,こうした商品を購入する顧客保護も課題となったことは前に述べた通りであり,金融商品販売法,金融商品取引法が制定され,銀行の説明義務,適合性の原則の遵守が義務化されています。

そして,偽造,盗難キャッシュカードによる犯罪が多発したことから,2006年2月にいわゆる「預金者保護法」が施行され,キャッシュカードが偽造され,または盗難にあい,預金がATMから不正に引き出された場合の被害について銀行が補償することが義務化され,利用者保護が図られました。銀行は新規のキャッシュカードのIC化や生体認証の採用などを行い,偽造を難しくする対策をとり,また暗証番号の変更も容易にするなどして,これに対処しています。

また,2008年6月にはいわゆる「振り込め詐欺被害者救済法」も施行され,銀行は犯罪に利用された預金口座を凍結して被害者救済に努めています。

図表11.預金者保護法による預金者の保護

預金者の過失の程度	偽造カードによる被害	盗難カードによる被害
重過失あり	補償なし	補償なし
軽過失あり	全額補償される	75%補償される
無過失	全額補償される	全額補償される

更に銀行の社会的責任についても考慮が払われる必要があり,金融庁は,CSR(コーポレート・ソーシャル・レスポシビリティ:企業の社会的責任)は「企業が持続可能な発展を目的として多様なステークホルダー(利害関係者)との関係の中で認識する責任と,それに基づく経済・環境・社会の取組みのことをさし,その具体的な内容としては,企業に

よる法令遵守，納税，消費者保護，環境保護，人権尊重，地域貢献等の自主的取組みと広範にわたるものをさす」と定義しています。

銀行は決済や預金・貸出を通じた金融仲介といった公共性の高い業務を営んでおり，重要な社会インフラ機能を担っているのであり，健全な経営を堅持し，その業務を厳正に行うことが CSR の実践となっているとも言えます。

例えば，マネーロンダリング防止対策のような反社会的勢力への対応や振り込め詐欺のような金融犯罪の防止，環境保全への取組み，災害時の業務対応など積極的に社会的な責任を果たしてゆく取組みが行われています。具体的には振り込め詐欺の防止策としてネットバンキングにおける新しいパスワード方式の実施，ATM による多額の振込みを制限したり，操作に確認措置を施すなどの対処策がとられています。また，2008 年 3 月に犯罪収益移転防止法が実施され，2013 年 4 月には同法の改正により取引時の確認事項として取引目的や事業の内容が追加されました。

環境保全への取組としては環境格付融資があり，貸出先の環境への配慮に対する取り組み状況に応じて金利を優遇するなど，銀行の金融機能を活かして貸出先の企業の環境配慮型事業を促進する取組が行われています。

法令遵守については，コンプライアンス部門を設置し，組織的な対応を図れるようになっていますが，これは金融庁の金融検査マニュアルの中で法令遵守態勢として取締役も含めた体制整備を点検することが織り込まれていることにも後押しされています。

4　グループ・バンキング

銀行経営の最近の特徴は，顧客の多様なニーズに対応するために，銀行，信託，証券，消費者金融，資産運用，そして保険などの業務について，グループを形成して対応し，いわゆるワンストップ・ショッピング

を展開しようとする傾向があることです。

　伝統的な預金と貸出金による金融サービスでは多様化した企業，個人のニーズに応えることは難しくなっています。現在では大企業に対する証券業務，個人に対する資産運用業務，信託業務など複数の金融サービス企業の連携が望ましい場合が多いと言えます。

　大手銀行は自らの上部組織として金融持株会社を設立し，その下に自らが入り，信託銀行，証券会社，資産運用会社，リース会社等を持つ金融コングロマリット・金融複合体を形成しています。しかし，こうした組織は巨大化，そして寡占化の問題，また，内部的には異なる業種の統合による経営管理の複雑化などの問題があるとされています。そこで，金融庁は2005年6月に「金融コングロマリット監督指針」を制定し，グループ全体の経営管理態勢を対象に監督を行っています。

　例えば，2002年9月には銀行と証券会社の共同店舗の出店も可能となっていますが，銀行と証券会社ではかなり企業文化が異なります。こうした点を統合しながらシナジー効果，相乗効果を得てゆくには，グループ内に統一した価値観を醸成してゆく必要があります。

　グループ・バンキングは大手銀行だけでなく，地域銀行においても展開されており，証券会社を子会社としたり，グループ企業とする地域銀行もあります。しかし，地域銀行では大手の金融グループと提携して様々な商品・サービスの提供を受け，顧客サービスの充実を図る場合も多いようです。

第12章 銀行に対する監督と規制

1 銀行規制の概要

　銀行業は決済業務を通じて他の銀行等を緊密な関係を持ち，全体として決済システムを形成しているため，一つの銀行の破綻が決済システム，そして金融システム全般に及ぶこと，また，多くの預金者が顧客であることから銀行システムの安定は預金者の銀行に対する信頼感という心理的かつ主観的な要素に依存していること，そして銀行が果たす金融機能は社会の経済活動に不可欠であることから，様々な監督と規制に服しています。

　その規制としては，①自己資本比率規制，大口信用供与規制，株式保有制限法といった健全性に関するもの，②子会社の業務範囲規制等業務範囲に関するもの，③独占禁止法等競争政策に関するもの，④金融商品取引法等取引に関するものなどに大別されます。また。この他，利益相反防止規制としてのファイアーウォール規制，銀行の経営・財務状況に関する情報開示（ディスクロージャー）についての規制等があります。

　銀行業の監督体制は，従来は内容的には護送船団方式とよばれる競争制限的な規制であり，旧大蔵省による裁量型，事前指導型の手法によるものでした。護送船団方式とは，特定の産業において最も体力のない企業が落語しないよう監督官庁がその産業全体を管理，指導しながら，収益，競争を確保することであり，特に第二次世界大戦後の日本の金融行政を揶揄する場合に用いられていました。

　しかし，1995年，大蔵省は従来の裁量方行政から客観的なルールに基づく透明性の高い行政への転換を表明しました。そして1996年に日本版金融ビッグバンが提唱され，1998年に金融監督庁が設置されて

2000年に現在の金融庁となり、「早期是正措置」などを含めた市場ルールを重視する事後監視型の監督へと変わりました。日本版金融ビッグバンとは、前に述べた通り、1996年11月に提唱された金融制度に関する規制緩和を言い、フリー、フェアー、グローバルが3つのキーワードとして掲げられました。

　この金融改革によって従来の停滞した銀行行政は大きく変化してゆきました。1998年に銀行行政に関する通達等が廃止、整理され、「事務ガイドライン」が制定され、従来は漠然としていた金融検査についても、1999年に前に述べた「金融検査マニュアル」が制定されてその透明性が図られることとなり、銀行業への監督についても「監督指針」が設けられ、公表されています。

　金融行政としては1990年代に大量に発生した不良債権問題の処理が課題となり、2002年に「金融再生プログラム」が制定され、不良債権問題の解決と構造改革の推進は「車の両輪」であるとし、主要行の不良債権の処理に取り組みました。そして、2004年には「金融改革プログラム」が制定され、利用者ニーズの重視・利用者保護ルールの徹底等が重点な取り組み対象とされました。

　大手銀行の不良債権処理が概ね終了した2007年12月には「金融・資本市場競争力強化プラン」が公表され、東京市場の魅力を高め、わが国の銀行の競争力を高めてゆくことが行政の目標とされました。また、2008年7月にベター・レギュレーション、より良い規制環境を実現するための金融規制の質的な向上を目指すことを金融行政の課題としています。

　そして2008年に起きたリーマンショックを契機とする世界的金融危機を経て、バーゼルⅢが2013年3月期から段階的に導入されています。

2　具体的な規制の内容
2－1　自己資本比率規制
　現在の自己資本比率規制はバーゼルⅠと呼ばれるバーゼル銀行監督

委員会の合意に基づきはじまりました。この委員会は1974年のヘルシュタット銀行の破綻に伴うユーロ市場危機の発生を契機として国際決済銀行（BIS）内に設けられたものです。それまでは国内法の規制がありましたが，本格的な規制は1988年12月の銀行法改正によるバーゼルIに基づく規制で1993年3月期から実施されたものです。現在はバーゼルIIが適用されており，更にこれが改正されたバーゼルIIIという合意に基づく規制が2013年3月期から段階的に導入されています。

現在の自己資本比率規制は，銀行業が基本的にリスク資産を保有することが主たる業務であることから，そのリスク資産からの損失に耐えるだけの自己資本を保有させるよう規制を行うこと基本としています。そのリスク資産の量は単なる簿価で測ることはなく，リスク・アセットと呼ばれるリスクの程度を考慮した額となっています。その内訳は，信用リスク，市場リスク，オペレーショナル・リスクとなっています。そして資本は，普通株式等Tier1資本，Tier1資本，総自己資本に区分されています。

自己資本比率の基準をクリアーすることが国際的な活動を行う銀行には求められます。なお，海外に拠点を持たない銀行には国内基準がありますが，バーゼルIIIの実施を受け，その国内版として2014年3月期決算よりコア資本を4%以上とすることとなり，国際基準に比較して簡素化された規制が原則10年間の経過措置と共に実施されています。コア資本とは，普通株や内部留保，公的資金の優先株，一般貸倒引当金とされ，これまで補完的資本として分類されていた劣後債や劣後ローンは対象から外されました。

信用リスクの計測には2つの方法があり，標準的手法と内部格付手法があります。標準的手法とは，与信先毎にリスク・ウエイトを用いてリスク・アセット額を計算する手法であり，バーゼルIで用いられました。これによると国，地方公共団体への与信はゼロ，住宅ローンは50%などとされていました。

内部格付による手法とは，債務者毎にデフォルト率，デフォルト時損失率を用いてリスク・ウエイトを計算する手法です。これには基礎的手法と先進的手法の2つがあります。

　市場リスクとは，金利，為替等市場価格の変動によって損失が発生するリスクであり，オペレーショナル・リスクとは事務事故，システム障害，不正行為等で損失から発生するリスクのことです。

　自己資本比率規制とは，銀行の資産内容は銀行の経営判断を尊重して自由に任せるが，その結果のリスクに対応する自己資本については行政当局が監督を行うという考え方に基づきます。

2－2　早期是正措置

　自己資本比率規制と並んで用いられる銀行監督規制として早期是正措置があります。早期是正措置とは，米国のPCA（プロンプト・コレクティブ・アクション）をモデルにしたもので監督当局が銀行経営の健全性を促進する手法として，前に述べた自己資本比率を用いて客観的に必要な是正措置を発動する規制です。

　1998年4月に導入されましたが，それは金融庁が作成した金融庁検査マニュアルに従って，自ら資産内容の査定を行うことから始まります。これを自己査定と呼びます。従来の金融検査が銀行に監督当局が乗り込んで検査を行うというものであったのに対し，金融機関自らに資産の健全性についての自己チェックを行わせる点で大きく異なる規制となっています。

　自己査定によって算出された自己資本比率に基づいて，経営改善計画の提出などの経営改善命令が金融庁から出されることになります。その内容は自己資本比率の状況に応じて4段階あり，最も重いものは業務停止命令であり，いくつかの銀行に対して発動されています。

　この制度は問題銀行の処理ルールを明確化することにより銀行の経営者に節度ある行動を促し，また，銀行監督当局としても問題の先送り

が出来ない仕組みを作ったことになります。

2－3 バーゼルⅡ

前に述べた通り，自己資本比率規制はバーゼルⅡという国際的な銀行監督当局の合意に基づいています。このバーゼルⅡは，3つの柱で構成されています。第一の柱は，前に述べた「最低所要自己資本比率」です。

第二の柱は，「金融機関の自己管理と監督上の検証」です。これは，銀行自身がリスクを把握し，経営上必要な自己資本比率を検討し，それを監督当局が検証するということであり，前に述べた自己査定等がこれにあたります。

この考え方の背景には，現代の金融機関の規制は監督当局の監督というより，銀行は自己責任の観点から自らを管理しなければならないという考え方があります。自己責任原則に基づく金融機関自身の内部管理こそが重要であり，監督当局の検査を受け身の立場で受けているというこ

図表12．早期是正措置のイメージ図

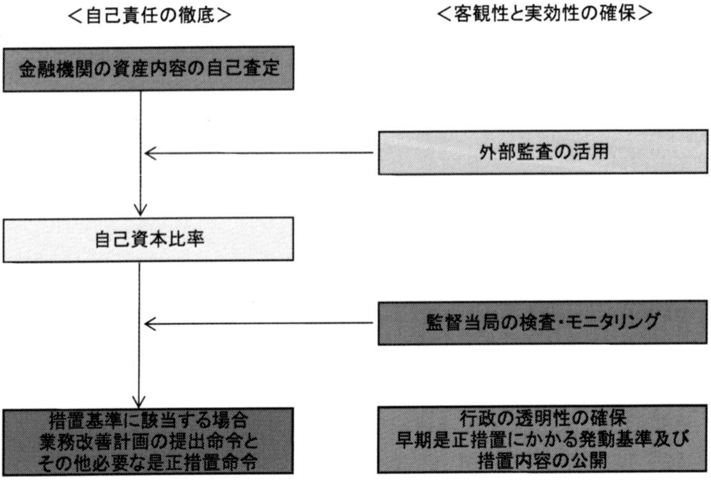

＜自己責任の徹底＞　　　　　＜客観性と実効性の確保＞

```
金融機関の資産内容の自己査定
          ↑
          ←――――  外部監査の活用
          
       自己資本比率
          ↑
          ←――――  監督当局の検査・モニタリング
          ↓
  措置基準に該当する場合         行政の透明性の確保
  業務改善計画の提出命令と    早期是正措置にかかる発動基準及び
  その他必要な是正措置命令           措置内容の公開
```

とでは不足しているということです。

　第三の柱は,「市場規律」であり, 情報開示の充実を通じての市場規律の実効性を高めることです。銀行については原則として四半期開示, 協同組織金融機関については半期開示が求められています。

　この規制では, 前に述べた通り, オペレーショナル・リスクを信用リスク, 市場リスクと共に分母として自己資本比率を計算することが求められています。また, 信用リスクの計算が精緻化され, 信用評価機関による外部格付をもとに計算する標準的手法および銀行自身の内部格付に基づいて計算する内部格付手法のうちから, 各銀行は自らに適する手法を選択することができるようになっています。内部格付手法を認めたことは, 銀行の監督当局よりも各銀行の方が先進的な手法でリスク管理が出来ることを認めたことと言えます。なお, バーゼルIIでは, 中小企業・個人向け融資については小口分散によるリスク軽減効果に配慮してリスク・ウエイトが100%から75%に引き下げられました。また, 住宅ローンも50%から35%に引き下げられています。

2-4　バーゼルIII

　2008年9月のリーマン・ショックに始まる世界的な金融危機への対応として, バーゼル2.5とも呼ばれる再証券化商品についての規制等の策定を経て,「バーゼルIII」と呼ばれる新たな自己資本規制の枠組みが示されました。この枠組みでは普通株式等Tier1資本の比率を4.5%以上, かつ, その他TierIを含めたTier1の比率を6%以上とすることとなりました。

　そして, 資本保全バッファー, カウンターシクリカルな資本バッファーの仕組みが導入されました。資本保全バッファーとは, 金融・経済のストレス期において損失の吸収に必要な資本のバッファーを銀行が保持することです。これを欠くと配当, 役員賞与といった利益処分が制限され, 銀行経営者が短期的な利益を追求する経営を避けると言われてい

ます。

　この資本保全バッファー2.5%を考慮すると，国際活動に必要な自己資本比率は 10.5%となり，Tier1 資本の比率は 8.5%となります。カウンターシクリカルな資本バッファーとは景気循環の増幅を避けるために好況時に更に資本バッファーの上乗せを求めるもので,マクロプルーデンス政策の手段とされるものです。銀行セクターの与信が過度に拡張していると当局が判断した場合，最大 2.5%の資本バッファーを求めることになっています。また，リスク・ウエイトを考慮しないレバリッジ規制，流動性リスクへの対応力を高めるために流動性カバレッジ比率，安定調達比率からなる流動性規制も行われます。この規制は 2013 年 3 月期から段階的に施行されています。

　なお，金融安定理事会（FSB：Financial Stability Board）はグローバルなシステム上重要な銀行（G-SIBs：Global Systemically Important Banks）を選定していますが，これらの銀行はバーゼルⅢで求められる自己資本比率に対し，2016 年から段階的に保有するリスクに応じて 1-2.5%の資本サーチャージを上乗せして確保するように求められています。そして，システミックな混乱時には破綻処理や再建計画の事前策定も求められています。また，2014 年にはバーゼル委員会から大口エクスポージャー規制が公表されています。わが国でも 2014 年に大口信用供与規制が強化されており，こうした規制は株式保有制限と並んでバランスシート規制と呼ばれます。

2－5　金融庁検査マニュアル

　前に述べた通り，金融庁検査マニュアルは金融機関の自己責任に基づく経営を促す方針から公表されています。このマニュアルは，バーゼルⅡの導入や利用者保護の要請から 2007 年に大幅な改訂が行われました。現在のマニュアルの柱は 10 項目からなり，経営管理態勢，法令遵守態勢，顧客保護等管理態勢，統合的リスク管理態勢，自己資本管理態勢，

資産査定管理態勢，オペレーショナル・リスク管理態勢などからなっています。なお，金融機関の自主的・持続的な経営改善を促し，検査の効率化や金融行政の透明性を向上させるために，2007年4月から「金融検査評定制度」が施行されています。これにより金融機関は4段階の評価がなされますが，その結果は対外的には公表されず，検査を受けた金融機関だけに通知されることになっています。金融庁検査の基本的な指針は，①利用者視点の原則，②補強性の原則，③効率性の原則，④実効性の原則，⑤プロセスチェックの原則とされています。検査マニュアルはこうした基本的な指針の下に作成されています。そして，中小企業については，2002年に「金融検査マニュアル別冊［中小企業融資編］」が公表され，その後，ほぼ毎年改訂されています。これは中小・零細企業などの経営実態，例えば社長の家計との一体性等を適切に把握し，金融検査に反映させるためです。また，かつては金融検査は抜き打ち検査でしたが，現在では原則として予告を行った上で行われています。そして，金融庁は2014年に金融モニタリング基本方針を公表し，従来の監督方針と金融モニタリング基本方針（旧検査基本方針）を一本化しました。これによってオンサイトのモニタリングとオフサイトのモニタリングを組み合わせ，オン・オフ一体化を目指すことになりました。

参考文献

相沢幸悦（1997）『ユニバーサル・バンクと金融持株会社』日本評論社
池尾和人・岩佐与市・黒田晃生・古川顕（1997）『金融（新版）』有斐閣
池尾和人・金子隆・鹿野嘉昭（1993）『ゼミナール　現代の銀行』東洋経済新報社
池尾和人（1995）『金融産業への警告』東洋経済新報社
川口慎二・三木谷良一編（1986）『銀行論』有斐閣
岸真清・藤波大三郎（2010）『ファースト・ステップ金融論　改訂版』経済法令研究会
倉津康行（2001）『金融マーケット入門』日本経済新聞社
黒田晃生（2011）『入門　金融』東洋経済新報社
佐野勝次・上田良光・市川千秋編著（2007）『エッセンシャル　銀行論』中央経済社
島村高嘉・中島真志（2014）『金融読本　第29版』東洋経済新報社
鹿野嘉昭（2013）『日本の金融制度　第3版』東洋経済新報社
全国銀行協会金融調査部編（2013）『図説　わが国の銀行（2013年版）』財経詳報社
地域金融研究所監修岩崎博充著（2011）『手にとるように銀行がわかる本』かんき出版
千野忠男監修野村総合研究所著（1998）『米銀の21世紀戦略』金融財政事情研究会
津田倫男（2011）『大解剖　日本の銀行』平凡社
中條誠一（2015）『新版　現代の国際金融を学ぶ』勁草書房
平木恭一（2011）『最新　銀行業界の動向とカラクリがよ〜くわかる本　第3版』秀和システム
堀内昭義（1998）『金融システムの未来』岩波書店

三宅輝幸・内藤徹雄（2000）『実践国際金融論』経済法令研究会
蝋山昌一編著（2002）『金融システムと行政の将来ビジョン』財経詳報社

藤波　大三郎 （ふじなみ　だいさぶろう）

松本大学松商短期大学部経営情報学科教授

＜略歴＞

1954年岡山県生まれ。東京大学法学部卒業。太陽神戸銀行(現三井住友銀行)国際企画部調査役、さくら銀行資本市場部主任調査役、ルクセンブルグさくら銀行副社長、さくら能力開発センターシニアインストラクター、三井住友銀行人事部研修所上席所長代理等を経て、2008年より現職。日本証券アナリスト協会検定会員、1級ファイナンシャル・プランニング技能士、中央大学商学部兼任講師。

＜主な著書＞

『みんなが忘れているお金を殖やす基本』(日本経済新聞出版社、2001年)、『金融機関職員のための資産運用相談Q&A』(近代セールス社、2007年)、『ファースト・ステップ金融論改訂版』(共著)(経済法令研究会、2010年)、『はじめて学ぶ銀行論』(創成社、2012年)、『預かり資産商品セールスのコツ』(近代セールス社、2013年)、『シニアのための堅実な資産運用』(松本大学出版会、2014年)、『わが国の銀行行動と金融システム』(三恵社、2015年)、『投資初心者のための資産運用』(創成社、2016年)。

コンパクト銀行論

2016年4月1日　　初版発行

著　者　　藤波　大三郎

定価(本体価格1,630円+税)

発行所　　株式会社　三恵社
〒462-0056 愛知県名古屋市北区中丸町2-24-1
TEL 052 (915) 5211
FAX 052 (915) 5019
URL http://www.sankeisha.com

乱丁・落丁の場合はお取替えいたします。
ISBN978-4-86487-445-8 C3033 ¥1630E